孙春成语文课堂立体教学丛书

本成果荣获2017年基础教育广东省教育教学成果一等奖
本成果荣获2018年基础教育国家级教育教学成果二等奖

语文课堂创新教学课型

孙春成　著

山西出版传媒集团
山西教育出版社

图书在版编目（CIP）数据

语文课堂创新教学课型 / 孙春成著. — 太原：山西教育出版社，2020.1

ISBN 978-7-5703-0907-8

Ⅰ. ①语… Ⅱ. ①孙… Ⅲ. ①中学语文课—课堂教学—教学研究 Ⅳ. ①G633.302

中国版本图书馆 CIP 数据核字（2020）第 010489 号

语文课堂创新教学课型

YUWEN KETANG CHUANGXIN JIAOXUE KEXING

责任编辑 徐　琼
复　　审 康　健
终　　审 杨　文
封面设计 孙　超
内文设计 薛　菲
印装监制 蔡　洁

出版发行 山西出版传媒集团·山西教育出版社
（太原市水西门街馒头巷 7 号　电话：0351-4729801　邮编：030002）
印　　装 山西新华印业有限公司
开　　本 720 mm×1020 mm　1/16
印　　张 18
字　　数 359 千字
版　　次 2020 年 4 月第 1 版　2020 年 4 月山西第 1 次印刷
印　　数 1—1 000 册
书　　号 ISBN 978-7-5703-0907-8
定　　价 58.00 元

举前贤之未及 启后学于成规

魏 书 生

昨晚，孙春成老师给我打电话，请我为他的新作《语文课堂创新教学课型》作序，我欣然答应了。研读书稿，思绪万千。我和孙春成老师的师徒之情结缘于1988年湖南大庸，孙老师的论文荣获全国大赛一等奖，受邀参加全国中学语文教学研究会主办的“全国青年教改新秀首届座谈会”，我作为嘉宾受邀参与座谈。孙老师向与会代表汇报了他的教学情况和教研思路，我感觉这位年轻老师很有思想，也很有追求。会后他请求拜我为师，我就欣然答应了。无独有偶，1990年，孙春成刚届而立之年，我俩又在厦门“全国青年教改新秀第二届座谈会”上重逢。孙老师为与会代表上了一堂公开课《项链》，颇受好评，而且他还带着他的第一本专著《“立体教学”初论》的书稿向我求教，让我写序，我也欣然答应了。自给孙春成老师的第一本专著写序至今，一晃将近30年就过去了。在这段岁月里，我和孙老师交往较多，多次参加他组织的教研活动，也多次为他的著作写序题词，非常了解他的“立体教学”科研情结。

孙老师在山西运城行署教育局教研室任高中语文教研员时，注册成立了“运城地区立体教学研究会”，有组织、有规模地进行“立体教学”实验，设立实验学校达42所，成果显著，出版了5本专著。1999年，他作为“教育教学管理精英”被招调到深圳市龙岗区工作，先后在小学、初中、中专大面积进行“立体教学”实验，成果卓著，出版专著达12部。2005年，我还参加了他在中国教育学会立项的“十五”

科研规划课题“立体教育”的年会和结题鉴定工作。我在《中国教育报》和《中国教育电视》上看到对孙老师的专题报道，非常高兴。孙老师就一个追求、一个爱好，即研究语文课堂教学的本质和规律，从实践到理论，再从理论到实践，从“立体教学论”到“立体教学模式”，再从“立体教学模式”到“立体教育”，三十年如一日，循环往复，其中甘苦，谁人得知？而且他颇有建树，出版了17本专著，形成了自己一套完整的、独特的思想体系，即“语文课堂立体教学策略体系”。

孙老师在语文教育研究上的建树有目共睹，他的“语文课堂立体教学策略体系”，从科学与艺术的角度，揭示了课堂教学的立体性规律，论证了教学思路三坐标论、教学结构二重性论、教学信息双反馈论、教学艺术和科学完美统一论、问题教学论、探究教学论、教学融合论、教学反思论等新颖独到的观点，具有理论的创新性与前瞻性。孙老师关于语文课堂“立体教学策略”“问题教学策略”“研究性学习策略”“探究教学策略”“反思教学策略”“教学模式策略”“教学创新课型”等相关论著皆填补了国内学术空白。同时，他还从教学思想、目标、程序、方法、原则及评价诸方面，创建了语文课堂立体教学模式，又根据不同的语文教学内容创建了十二大全新的课型。这完全符合新课标精神，让语文课堂教学走上了艺术化与科学化的轨道，并具有极强的可操作性，便于一线教师学习和掌握，有利于教师把握语文课堂教学规律，优化语文课堂教学结构和程序，提高语文课堂教学水平和质量。本书的学术价值不言而喻，孙老师以教学内容为基点，系统科学地构建了十二大语文课型，可谓开一代之先河，是一大创举。毫无疑问，孙春成老师的“语文课堂立体教学策略体系”，既是崭新的语文教学方法论，具有理论的创新性，又是系统科学的语文教学策略体系，具有实践的操作性。理论与实践有机结合，相得益彰，这对于在语文课堂教学中落实素质教育、发展学生智力、培养学生的创新精神和能力，具有现实而深远的指导意义。

必须强调的是，孙春成老师不仅仅是一位语文教育理论家，而且是一位实践家。他一直钟情于讲台，作为教研员还持之以恒地运用自己的理论给第一线的老师上示范课，实在难能可贵。他的课，博采众家之长，集许多特级教师的先进教学经验于一身，几乎达到了炉火纯青的艺术境界，似乎从他的课里可以找到于漪的情感、钱梦龙的导读、宁鸿彬的扎实、李吉林的情境、余映潮的板块……听他的课，完全是一种情感的熏陶，一种灵魂的净化，一种做人的教育，一种审美的享受！毋庸置疑，孙老师的语文课堂教学已经由必然王国进入了自由王国，形成了自己独特的风格，说其是“立体派”，名副其实。本书里的教学实录就是最好的证明。它们不是普通的教学实录，而是足以体现孙老师所创建的十二大课型精髓的鲜活标本，具有极强的示范性、借鉴性和研究价值。

一个人，一辈子，一件事，不动摇，不懈怠，不容易。不忘初心，方得始终。

我确信，孙春成的立体教学学说，举前贤之未及，启后学于成规，必将在我国的语文教育史上留下浓墨重彩的笔触。我为有孙春成这样的弟子感到骄傲！并诚心祝愿孙老师在语文课堂立体教学的研究上有更多的新作问世，以飨读者！

学会创建语文课型

孙 春 成

在教学第一线听课，我发现一个普遍现象：许多教师上课，胸无全局，时间分配失调，前松后紧或前紧后松；教学内容轻重倒置，结构松散，导致教学目标难以落实，教学效率不高。究其原因，就是因为课堂教学没有一个合理的结构和程序，缺乏整体优化。如何才能克服此类弊端？那就必须学会创建语文课型。

课型是指课堂教学最具有操作性的教学结构和程序。现代教学理论认为，教学过程结构是课型分类的主要依据之一，特定的课型必然有特定的教学过程结构。对课型的研究与创建，有助于教师更好地掌握各种类型课的教学目的、教学结构、教学方法等方面的规律，提高教学设计、实施和评价的能力，提高课堂教学效率。能否针对教学实际创建具有自己独特个性的课型，是衡量一个教师教学水平高低的重要标志。

课型具有很强的可操作性。课型是将教学方法、教学手段以及教学组织形式融为一体的策略体系。它可使教师明确应先做什么，后做什么，先怎样做，后怎样做等一系列具体问题。教师可根据教学的实际需要选择运用。

苏联教科院院士马赫穆托夫认为：“课的结构是作为一种有益的组织知识，作为一种指示和标准理论而被人们理解和运用的。”树立教学结构和程序意识，注重课的“组织知识”和“标准理论”的研究，对于克服教学的随意性、优化课堂教学结构与过程举足轻重。

每种课型都有其适应性和局限性。因为不同的课型所完成的教学目标、使用的操作程序不同，评价的标准和方法也不尽相同。正如苏联教育家尤·克·巴班斯基所说："每一种教学方法，从本质上看，都是辩证的。就是说，每一种方法都有自己的优点和不足之处，都能有效地完成某些任务，而不能有效地完成其他任务，都有助于达到某些目的，而不利于达到其他目的。"课型亦然。

显然，笔者所论课型并非一般意义上的单一课型，诸如新授课、练习课、复习课、讲评课、实验课等，而是指教学模型。长期以来，语文教学少、慢、差、费，效率低下，人所共知。教学实践迫切呼唤创建科学的课型，以优化课堂教学结构，提高教学效率。

怎样根据语文教学内容来创建适合各种文体的教学课型？这是个理论性与实践性都很强的重大课题。如散文、小说、文言文、古典诗词、寓言童话、名著导读、作文、说明文、议论文等，究竟怎样教学才会高效？这一系列问题是最现实、最迫切需要解决的教学难题。本书所创建的十二个课型，正是笔者多年语文教学课型理论研究和实践探索的结晶，创造性地解决了这些问题。书中对每一课型都从"概念""结构和程序""适应的教学内容"及"特点"诸方面作了简明而具体的介绍，并配一典型课例分五大块具体介绍，即"教学设计""教学课件""教学实录""教学板书""教学构思"。纵观书中每一课例，都有如下共性：一是"教学目标"定位二维化，兼具"工具性"与"人文性"，确保了语文性质的实践意义。二是"教学内容"安排量力而行，一课一得，40分钟干40分钟的活。三是"教材处理"突出重点，突破难点，体现亮点。四是"教学设计"追求创新，突出主旨；环节清楚，环节之间具备科学合理的逻辑联系。五是"教学方法"注重启发、点拨、引导、发散学生思维，更重视朗读，以读代讲，以读促析，以读悟情。六是"教学语言"除了准确、简明、风趣、有激情以外，更注重鼓励性。七是"教学提问"要有探讨价值，让学生"跳起来能摘到果子"。八是"教学结构"读写结合，浑然一体。九是"教学板书"简明扼要，符合纲要信号原则。十是"教学过程"师生互动和谐有效，能激发学生学习兴趣，启发学生独立思考。

本书所涉课型理论与实践有机结合，既符合新课标精神，又符合语文教学的本质和规律，实用性强，便于操作，有利于语文课堂教学的最优化，有利于语文教学质量的提高，有利于语文教师教学水平的提升。本书更适合作为师范院校中文系学生的语文教材教法教科书籍。

目 录

课型 一

长文短教主旨段落教学课型

长文短教主旨段落教学课型简介

《孤独之旅》教学设计

《孤独之旅》教学课件

《孤独之旅》教学实录

《孤独之旅》教学板书

《孤独之旅》教学构思

长文短教主旨段落教学课型简介

一、长文短教主旨段落教学课型的概念

围绕本课的教学主旨，选出文本里最能体现教学主旨的句子或段落，用蒙太奇的手法重新编排整合成一个完整的、有意义的教学链条，师生共同品读、赏析和探究。

二、长文短教主旨段落教学课型的结构和程序

导入→段落教学→读写结合→结课

三、长文短教主旨段落教学课型所使用的教学方法

朗读贯穿教学始终。以读代讲，以读代赏，以读代析，以读代探，以读代悟。探究法、引导法、表演法、读写结合法。

四、长文短教主旨段落教学课型适应的教学内容

一般适宜课文篇幅较长的教学内容，如小说。

五、长文短教主旨段落教学课型的特点

（一）实现了“教材无非就是个例子”的理念，师生对教材进行再创造。

（二）避轻就重，突出重点，突破难点，一课一得，长文短教。

（三）确立了朗读在语文教学中的核心地位。钱梦龙说：“朗读是语文教学的常规武器。”

（四）长文短教主旨段落教学课型与名著导读课型一脉相承。

总之，教学本身就是一种再创造。能否运用好这一课型，关键取决于教师是否具有取舍教材或创造性地整合教材资源的能力。

《孤独之旅》教学设计

一、教学目标

（一）工具性：学习品味小说形象、生动和个性化的语言。

（二）人文性：了解杜小康成长与坚强的心路历程，对学生进行挫折教育。

二、教学重点

学习品味小说形象、生动和个性化的语言。

三、教学难点

了解杜小康成长与坚强的心路历程，对学生进行挫折教育。

四、教学方法

朗读法、探究法、表演法、练习法。

五、教学课型

长文短教主旨段落教学课型。

六、教学过程

（一）谈话导入，关于“孤独”。

（二）了解情节，整体感知。

（三）分析人物，探究主旨。（段落教学）

（四）讨论“如何面对挫折”。

（五）写作练习——《面对挫折》。（读写结合）

《孤独之旅》教学课件

P1

10. 孤独之旅

曹文轩

P2

孤独

孤单： 孤单；独自一人。

P3

《孤独之旅》的“旅”是什么意思？

旅行：为了游览或办事，从一地到另一地去（多指较远的路程）。

P4

▲按小说情节开端、发展、高潮、结局的顺序排列以下内容：

A．收获坚强

B．孤独之旅

C．失学放鸭

D．经历磨难

答案：CBDA

P5

杜小康的“孤独之旅”

经历了什么？

收获了什么？

P6

文段一

日子一天一天地过去了，父子俩也一天一天地感觉到，他们**最大的敌人**，也正在一步一步地向他们逼近：它就是**孤独**。

P7

文段二

小木船赶着鸭子，不知行驶了多久，当杜小康回头一看，已经不见油麻地时，他居然对父亲说（带着哭腔的请求）：“我不去放鸭了，我要上岸**回家**……”

文段三

杜小康开始想家，并且日甚一日地变得迫切，直至夜里做梦看到母亲，哇哇大哭起来，将父亲惊醒。

“我要**回家**……”

P8

作者为何这样说？

“杜小康注定了要在这里**接受磨难**。而磨难他的，正是这些由他和父亲精心照料而长得如此肥硕的鸭子。”

P9

文段四

那天，是他们离家以来所遇到的一个**最恶劣的天气**。一早上，天就阴沉下来。天黑，河水也黑，芦苇成了一片黑海。杜小康甚至觉得风也是黑的。临近中午时，雷声已如万辆战车从天边滚动过来，过不一会儿，暴风雨就歇斯底里（癔症；形容情绪异常激动，举止失常）地开始了，顿时，天昏地暗，仿佛世界已到了末日。四下里，一片呼呼的风声和千万支芦苇被风撅 juē 断（折断）的咔嚓声。

鸭栏忽然被风吹开了，等父子俩一起扑上去，企图修复它时，一阵旋风，几乎将鸭栏卷到了天上。杜雍和大叫了一声“**我的鸭子**”，几乎晕倒在地上。因为，他看到，鸭群被分成了无数股，一下子就在他眼前消失了。

P10

杜小康是怎样面对如此大的**天灾**的呢？

P11

文段五

杜小康忘记了父亲，朝一股鸭子**追去**。这股鸭子大概有六七十只。它们在轰隆隆的雷声中，仓皇逃窜着。他**紧紧地跟随**着它们。他不停地**用手拨着眼前的芦苇**。即使这样，**脸还是一次又一次地被芦苇叶割破了**。他感到**脚钻心地疼痛**。他**顾不得去察看一下**。他知道，这是头年的芦苇旧茬儿戳破了他的脚。他**一边追，一边呼唤着他的鸭子**。然而这群平时很温顺的小东西，今天却都疯了一样，只顾没头没脑地乱窜。

P12

文段六

第二天早晨，杜雍和找到了杜小康。当时杜小康正在芦苇上静静地躺着。不知是因为太困了，还是因为他又饿又累坚持不住了，杜雍和**居然没有能够将他叫醒。杜雍和背起了疲软的儿子，朝窝棚方向走去。杜小康的一只脚板底，还在一滴一滴地流血，血滴在草上，滴在父亲的脚印里，也滴在跟在他们身后的那群鸭的羽毛上……**

P13

文段七

八月的一天早晨，杜小康打开鸭栏，让鸭们走到水中时，他突然在草里看到了一颗白色的东西。他惊喜地跑过去捡起，然后**朝窝棚大叫：“蛋！爸！鸭蛋！鸭下蛋了！”**

杜雍和从儿子手中接过还有点温热的蛋，嘴里不住地说：**“下蛋了，下蛋了……”**

P14

播放一段视频

（电影《草房子》的片段）杜小康突然在草里看到了一颗白色的东西。他惊喜地跑过去捡起，然后朝窝棚大叫：“蛋！爸！鸭蛋！鸭下蛋了！”画面定格在杜小康双手捧起一颗鸭蛋，泣不成声。

P15

杜小康的“孤独之旅”**孤独**吗？

P16

杜小康闻到了一股鸭身上的羽绒气味。他把头歪过去，几乎把脸埋进了一只鸭的蓬松的羽毛里。他哭了起来，但并不是悲哀。**他说不明白自己为什么想哭。——你能替他说明白吗?**

他感到**激动**和**委屈**：

激动的是，经历磨难之后自己长大了，坚强了；**委屈的是**，这样艰辛的生活，本不该让他这样未成年的孩子来承担!

P17

问题：杜小康在“孤独之旅”中收获了什么？

常言道：不经历风雨，怎么见彩虹？像杜小康一样，人的一生在成长的过程中难免遭受一些磨难，经历许多挫折。而正是这些磨难和挫折，才能使人经风雨、见世面，得到成长。

杜小康由一个娇生惯养的富家“**小男孩**”，化茧成蝶，蜕变成了一个能够经得起风雨、受得住打击的“**大男人**”。所以，**他经历的是磨难，收获的是成长与坚强**。

P18

拓展：

《招聘》

日本的一家公司要招聘10名职员，经过一段时间严格的笔试和面试，公司从300多名应聘者中选出了10位佼佼者。

发榜这天，一个叫水原的青年见榜上没有自己的名字，悲痛欲绝，回到家中便要悬梁自尽。幸好家人及时发现，水原没有死成。正当水原悲伤之时，从公司却传来好消息：水原的成绩原是名列前茅的，只是由于计算机的错误，导致了水原的落选。正当水原一家人大喜过望之时，从公司却又传来消息：水原被公司除了名。**原因很简单——**

公司的老板认为：“如此小的挫折都经受不了，这样的人在公司是干不成什么大事的。”

P19

作　　业

请以《面对挫折》为题，记叙一件自己成长中的小故事，字数不限。

《孤独之旅》教学实录

时间：2014年4月24日
地点：深圳市福田区外国语学校初中部
主题：深圳市“名师课堂”活动
执教：孙春成

一、扣题导入，引起悬念

师：今天，老师和同学们共同学习曹文轩的小说《孤独之旅》。

师：（投影“孤独”二字）“孤独”是什么意思？谁来说一说？

师：假如你一个人在广袤的大沙漠，你会感到孤独吗？航天英雄杨利伟一个人在“神舟五号”飞船上遨游太空的时候，他孤独吗？鲁滨逊一个人在荒无人烟的小岛上，他孤独吗？

（老师激情提示）

生1：孤独就是“孤单；独自一人”。

师：正确。

师：《孤独之旅》的“旅”是什么意思？

生：（齐声）旅行。

师：对。旅行——为了游览或办事，从一地到另一地去（多指较远的路程）。

师：那杜小康是干什么去了呢？

生：（齐声）放鸭——

师：对。是“办事”去了，具体说就是“放鸭”去了。

师：放鸭应该是件好玩的事啊，怎么就“孤独”了呢？我们好好学习一下这篇小说，就明白是怎么回事了。

二、了解情节，一题带过

师：下面我出示一道选择题，检查一下同学们的预习情况。

（投影：按小说情节“开端、发展、高潮、结局”的顺序，排列以下内容：A. 收获坚强；B. 孤独之旅；C. 失学放鸭；D. 经历磨难。）

师：（大部分学生都及时举手要求发言）好，请你回答。

生2：CBDA。

师：同意这个同学答案的鼓掌。

（课堂上掌声如雷）

师：看来同学们预习得都非常不错！值得表扬哦！

（这一环节，仅仅用了不到1分钟时间）

三、段落教学，探究主旨

（一）面对孤独，选择逃跑

【投影展示文段一】

日子一天一天地过去了，父子俩也一天一天地感觉到，他们最大的敌人，也正在一步一步地向他们逼近：它就是孤独。

师：请同学们齐读一遍这段文字。

师：同学们都读得很流畅、很准确、很有情感，非常好！

师：杜小康是怎样面对他们最大的敌人“孤独”的呢？就让我们一起与杜小康经历这次“孤独之旅”吧！

【失学放鸭，遭遇孤独】

【投影展示文段二】

小木船赶着鸭子，不知行驶了多久，当杜小康回头一看，已经不见油麻地时，他居然对父亲说（带着哭腔的请求）：“我不去放鸭了，我要上岸回家……”

【投影展示文段三】

杜小康开始想家，并且日甚一日地变得迫切，直至夜里做梦看到母亲，哇哇大哭起来，将父亲惊醒。

“我要回家……”

师：谁来给大家读一下这两段话？好，你来！

师：你读得太好听了，简直像只百灵鸟！

师：面对他们最大的敌人——“孤独”，杜小康选择了什么？

生：（几乎齐声）回家！

师：对！杜小康选择了“回家”，选择了逃跑！

（二）经历磨难，收获坚强

【投影展示文段四】

那天，是他们离家以来所遇到的一个最恶劣的天气。一早上，天就阴沉下来。天黑，河水也黑，芦苇成了一片黑海。杜小康甚至觉得风也是黑的。临近中午时，雷声已如万辆战车从天边滚动过来，过不一会儿，暴风雨就歇斯底里（癔症；形容情绪异常激动，举止失常）地开始了，顿时，天昏地暗，仿佛世界已到了末日。四下里，一片呼呼的风声和千万支芦苇被风撅juē断（折断）的咔嚓声。

鸭栏忽然被风吹开了，等父子俩一起扑上去，企图修复它时，一阵旋风，几乎将鸭栏卷到了天上。杜雍和大叫了一声“我的鸭子”，几乎晕倒在地上。因为，他看到，鸭群被分成了无数股，一下子就在他眼前消失了。

师：谁来读一读这一段文字？好，你来。

师：读得很精彩！尤其是这些地方的重音效果很好：“最恶劣”“滚动过来”“歇斯底里”“呼呼的风声”“咔嚓声”“卷到了天上”“我的鸭子”“一下子”。这就把杜小康遭遇的“最恶劣的天气”的“恶劣”程度展现给了听众。谁来上台“表演”一下：“杜雍和大叫了一声‘我的鸭子’，几乎晕倒在地上。”好，你来！就你一个人举手，老师为你的勇敢喝彩！

师：你能不能使出浑身解数，甚至把吃奶的力气都使出来，用最大的声音吼出这四个字“我的鸭子”？

师：非常棒！你的表演天赋不亚于刚才那位同学，老师为你点赞！“我的鸭子”读得声音越大，越能表现出杜雍和失去鸭子那撕心裂肺的痛苦心情！

【朗读体验“天灾之痛，磨难之苦”】

师：这真是“天有不测风云，人有旦夕祸福”！杜小康是怎样面对如此大的天灾的呢？

【投影展示文段五】

杜小康忘记了父亲，朝一股鸭子追去。这股鸭子大概有六七十只。它们在轰隆隆的雷声中，仓皇逃窜着。他紧紧地跟随着它们。他不停地用手拨着眼前的芦苇。即使这样，脸还是一次又一次地被芦苇叶割破了。他感到脚钻心地疼痛。他顾不得去察看一下。他知道，这是头年的芦苇旧茬儿戳破了他的脚。他一边追，一边呼唤着他的鸭子。然而这群平时很温顺的小东西，今天却都疯了一样，只顾没头没脑地乱窜。

师：谁来读读这段话？好，你来！

师：读得很不错！请你给这段话起个小标题，好吗？

生3：小康追鸭。

师：言简意赅，十分准确。你不仅读得好，而且概括能力这样强，老师欣赏你！

师：小康追鸭容易吗？对，很不容易！他的脸“一次又一次地被芦苇叶割破了”，“芦苇旧茬儿戳破了他的脚”，但他叫苦叫累了吗？

生：（齐声）没有！

师：这说明杜小康怎么样？

生：（几乎齐声）很坚强。

【面对天灾，拼死追鸭】

（三）喜极而泣，感同身受

【投影展示文段六】

八月的一天早晨，杜小康打开鸭栏，让鸭们走到水中时，他突然在草里看到了一颗白色的东西。他惊喜地跑过去捡起，然后朝窝棚大叫："蛋！爸！鸭蛋！鸭下蛋了！"

杜雍和从儿子手中接过还有点温热的蛋，嘴里不住地说："下蛋了，下蛋了……"

师：谁来读一读这段话？好，你来。

师："蛋！爸！鸭蛋！鸭下蛋了！"这句话杜小康是怎么说出来的？

生6：大叫出来的。

师：那你刚才大叫了吗？

生6：没有。

师：那现在大叫吧。只读这句话："蛋！爸！鸭蛋！鸭下蛋了！"

师：叫得还不够大，再来一次。

师：这次好多了。杜小康大叫这句话时，语速是快还是慢？

生6：快！

师：快到什么程度？

生6：非常快！

师：是不是越快越好呀？

生6：是。

师：为什么？

生6：因为可以表达出杜小康的兴奋之情啊！

师：真聪明！那请你再试试。语速很快地大叫出这句话来！

师：好多了，你的反应好快啊！请坐。

师：谁来读一读杜雍和这句话——"下蛋了，下蛋了……"？好，你来。

师：杜雍和这句话也要像杜小康一样，读得那样快吗？

生：（几个学生齐说）不能。

师：为什么？

师：（指另一学生）好，你说。

生7：他爸爸是大人，激动也在内心，应该沉稳一点的，不像小孩子喜形于色，所以应读得语速缓慢一点，语音沉稳一点。

师：你的发言太走心了！你已经走进了作品人物的精神世界。那你在你理解的基础上读读这句话，好吗？

师：你读得很有味道。杜小康为何对"鸭下蛋了"如此"惊喜"呢？经历了孤独之旅和天灾，父子俩悲喜交加、百感交集，千言万语、万语千言、万千感慨一齐涌上心头，都凝结在这几个字上了——"下蛋了，下蛋了……"

【播放一段视频】

（电影《草房子》的片段）杜小康突然在草里看到了一颗白色的东西。他惊喜地跑过去捡起，然后朝窝棚大叫："蛋！爸！鸭蛋！鸭下蛋了！"画面定格在杜小康双手捧起一颗鸭蛋，泣不成声。

师：此情此景此人——请大家用一个成语概括一下这个画面。

生：（几乎齐声）喜极而泣。

师：谁来给我们表演一下"喜极而泣"？我把道具都拿来了。（从口袋里掏出一颗鸭蛋）

（学生喜形于色，纷纷举手，跃跃欲试）

师：大家这样积极，那么，大家推荐一个最有表演天赋的同学来吧？哦，众望所归啊，好的，那就你来！（把鸭蛋交给了学生推荐的一名男同学）给你30秒时间酝酿感情。好，开始吧！

（表演完毕，全场掌声雷动）

师：太精彩了！表演得饱含情感，惟妙惟肖，十分传神，你简直就是杜小康！说不定将来你就是一个大明星！相信你会成为孙老师和在座的师生们的骄傲的！

师：哎，别走。鉴于你刚才的出色表现，老师把这颗鸭蛋赠送给你，做个纪念！

（全场掌声雷动）

生8：谢谢老师！

师：很有礼貌。很好！

【朗读感悟，视频感知，表演体会"喜极而泣"，把教学推至高潮】

（四）前后照应，解题释疑

师：杜小康的"孤独之旅"孤独吗？

生9：不孤独。

师：说说理由。

生9：孤独就是"孤单；独自一人"，可杜小康并不是独自一人啊！他有他爸爸陪他，还有那群鸭子陪他。

师：很有见地！还有不同意见吗？

生10：孤独。杜小康的精神很空虚、很无聊，所以他实际上很孤独。杜小康的父亲并不理解他，杜小康想的是上岸回家玩耍或者读书，因为他正是读书的年龄，而他父亲却想让他放鸭子。父子俩毫无共同语言，几乎不沟通。至于那群鸭子，根本不懂人话，就更不用说啦！

师：你真是个天才，回答得比老师讲得都好！我要拜你为师。对，杜小康的精神好孤独！

（五）剖析内心，揭示主题

【投影展示文段七】

杜小康闻到了一股鸭身上的羽绒气味。他把头歪过去，几乎把脸埋进了一只鸭的蓬松的羽毛里。他哭了起来，但并不是悲哀。他说不明白自己为什么想哭。

师：他说不明白自己为什么想哭，你能替他说明白吗？

（学生在思考中，有一个学生举手）

师：好。你说。

生11：杜小康感到激动和委屈。激动的是，承受磨难之后自己长大了，坚强了；委屈的是，这样艰辛的生活，本不该让他这样未成年的孩子来承担！

师：大家同意他的观点吗？（鼓掌）太棒了！福田外国语学校果然名不虚传，学生太有思想了！

师：杜小康的"孤独之旅"究竟"收获了什么"？

学生讨论后达成共识：不经历风雨，怎么见彩虹？像杜小康一样，人的一生在成长的过程中难免遭受一些磨难，经历许多挫折，而正是这些磨难和挫折，才能使人经风雨、见世面，得到成长。杜小康由一个娇生惯养的富家"小男孩"，化茧成蝶，蜕变成了一个能够经得起风雨、受得住打击的"大男人"。所以，他经历的是磨难，收获的是成长与坚强。

〈**板书**　经历磨难；收获成长与坚强〉

（六）读写结合，深化所学

师：同学们，我们的《孤独之旅》到了尾声，今天的课后作业是：请以《面对挫折》为题，记叙一件自己成长中的小故事，字数不限。

《孤独之旅》教学板书

10. 孤独之旅

曹文轩

杜小康
- 经历磨难
- 收获成长与坚强

《孤独之旅》教学构思

我有幸于2014年深圳市初中语文“名师课堂”活动中，为与会代表上了《孤独之旅》一课。仔细剖析，便会发现，本课是由多个教学模式有机融合而成，具有以下立体性特征：一是“四环节语文立体教学艺术模式”，二是“开放性四步骤语文立体教学模式”，三是“长文短教主旨段落教学模式”。

一、四环节语文立体教学艺术模式

所谓四环节语文立体教学艺术模式，就是指在课堂教学的开头、过渡、高潮和结尾四环节上，要系统设计，艺术处理，优化整合，启思开智。《孤独之旅》一课较好地演绎了这四个教学环节。

课始就扣题导入，让学生解释“孤独”何意？然后则用了三个排比句循循诱导：“假如你一个人在广袤的大沙漠，你会感到孤独吗？航天英雄杨利伟一个人在‘神舟五号’飞船上遨游太空的时候，他孤独吗？鲁滨逊一个人在荒无人烟的小岛上，他孤独吗?”

课尾照应开讲，紧扣“孤独”，向学生提出了发人深思的问题：“杜小康的‘孤独之旅’孤独吗?”将学生的思维引向了纵深，让学生明白了杜小康的孤独主要是精神的孤独。

教学中的过渡语言更是自然天成，使得课堂气韵流动，脉络贯通。如，我和学生探究了杜家父子所遭到的暴风雨天灾后，就自然地引用了谚语过渡到了下一个环节：“这真是‘天有不测风云，人有旦夕祸福’！杜小康是怎样面对如此大的天灾的呢?”起到了穿针引线、画龙点睛之效。

我示范朗读“暴风雨”一段文本，极富感染力，获得掌声一片，将教学推向了高潮。我先是指导学生带感情地朗读杜家父子对获得鸭蛋的惊喜语句，然后又播放电影《草房子》里杜小康手捧鸭蛋喜极而泣短短20秒的精彩视频，最后则魔幻般地拿出来一个鸭蛋，让学生扮演杜小康，体验其“喜极而泣”的复杂情感，对学生的情感体验和人文教育达到了感同身受的佳境。这一细节可谓意料之外情理之中，给课堂教学增添了艺术的魅力！

《孤独之旅》一课恰好印证了我的教学理念：“我们不仅要以每一篇‘教材’为研究对象，而且要把每‘一堂课’当作一件完整的艺术作品来看，并加以研究和创作。成功的单位时间里的教学，本身就是一件完整的艺术作品。”

二、开放性四步骤语文立体教学模式

开放性四步骤语文立体教学模式的课堂教学结构为四大步骤，即导读质疑、立体探究、评价归纳、训练迁移。《孤独之旅》一课也十分显著地体现了这四个步骤。

整堂课，我选择文本佳段，指导学生有感情地朗读，让学生在读中感悟作品与人物的感情，在读中理解人物的思想，在读中体验人物的遭遇，在读中收获做人的真谛，可谓高潮迭起。读的引领事半功倍。本课真正做到了“以读代讲、以读代赏、以读代析、以读代探、以读代悟”。课堂教学最大的亮点是根据学生的认知和领悟程度不断地点拨、提示、引导，把朗读的技巧巧妙地传达给学生，并很好地指导学生学习了作品的语言。在学生的演读中，把本课推向了高潮。

在熟读的前提下，在学生熟知作品内容的基础上，我则启发学生质疑：面对父子俩最大的敌人“孤独”，杜小康选择了什么？作者为什么这样说：“杜小康注定了要在这里接受磨难。而磨难他的，正是这些由他和父亲精心照料而长得如此肥硕的鸭子。”杜小康是怎样面对如此大的天灾的呢？杜小康“他说不明白自己为什么想哭”，你能替他说明白吗？杜雍和与儿子为什么对“鸭下蛋了”特别惊喜？杜小康的“孤独之旅”孤独吗？杜小康的“孤独之旅”收获了什么？质疑让学生对文本的理解深入了，质疑让学生学会了思考。

整个教学过程都渗透着师生对教学活动的即时评价和归纳。在教学评价上，我贯彻了鼓励性教学原则，努力做到每一句对学生的个性化的表扬鼓励和客观评价都特别真诚感人。如：“你真是个天才，回答得比老师讲得都好！我要拜你为师。”“太精彩了！表演得饱含情感，惟妙惟肖，十分传神，你简直就是杜小康！说不定将来你就是一个大明星！相信你会成为孙老师和在座的师生们的骄傲的！”“你读得太好听了，简直像个百灵鸟！”“你的发言太走心了！你已经走进了作品人物的精神世界。”老师每一句真挚的评价都会印在学生的心里，成为学生以后学习和生活的动力。

课后作业，我安排了一个命题小作文《面对挫折》，更加强了对学生的挫折教育。结合文本，我对学生的作文进行了拓展辅导，我从课外选择了一篇短文《招聘》：“日本的一家公司要招聘10名职员，经过一段时间严格的笔试和面试，公司从300名应聘者中选出了10位佼佼者。发榜这天，一个叫水原的青年见榜上没有自己的名字，悲痛欲绝，回到家中便要悬梁自尽，幸好家人及时发现，水原没有死成。正当水原悲伤之时，从公司却传来好消息：水原的成绩原是名列前茅的，只是由于计算机的错误，导致了水原的落选。正当水原一家人大喜过望之时，从公司却又传来消息：水原被公司除了名。原因很简单——公司的老板认为：‘如此小的挫折都经受不了，这样的人在公司是干不成什么大事的。’”这篇小文，可谓点石成金！

三、长文短教之主旨段落教学模式

《孤独之旅》是篇小说。对于篇幅较长的小说，究竟应该如何取舍教材，如何撮其精要进行教学才最有效呢？我采用了主旨段落教学模式。所谓主旨段落教学模式就是指围绕本课之“教学主旨”选出文本里最能体现教学主旨的句子或段落，用蒙太奇的手法重新编排整合成一个完整的有意义的教学链条，师生共同品读、赏析和探究。我围绕对学生进行“挫折教育”的主旨，撷取文本里最精彩的段落展开教学。精选的段落，把握了本文的精要，充分体现了教师处理教材和运用教材的能力。这对学生今后阅读和学习长文有很大的帮助，为教师把握长文的教学提供了有益的借鉴。

讲小说，我们一般人都会纠缠在小说三要素上，对人物、环境、情节进行连篇累牍的分析和讲解，我则不同，大刀阔斧，敢于使教材为我所用，对教材再整合、再创造、再利用、再出新。在情节的处理上，我几乎不到一分钟时间就结束了教学，的确比较高效。我给学生出了一道排序题：按小说情节开端、发展、高潮、结局的顺序排列以下内容——A. 收获坚强；B. 孤独之旅；C. 失学放鸭；D. 经历磨难。结果学生都说对了！实践证明，我们的教学要了解学情，学生会的就没必要在那里纠缠啰唆。《孤独之旅》里的环境描写还是不少的，但是这节课几乎没有涉及，因为这些内容不符合这节课的主旨而已，所以就大胆略过了。人物也没纠缠在讲解分析上，而是注重对重点段落的朗读感悟，让学生体会作品人物的思想和感情，把小讲台变成了学生体验人生的大舞台。

主旨段落教学模式很好地实现了叶圣陶先生“教材无非就是个例子”的理念，避轻就重，突出重点，突破难点，一课一得，长文短教，独具匠心。

我在自己的专著《语文课堂立体教学模式》里是这样界定立体教学的：“所谓立体教学，就是指从教学艺术和教学科学两个角度所揭示的课堂教学高境界的时空特征，是教学艺术和教学科学的完美统一——教学艺术在于营造氛围，创造共振，激励乐学，做空间的文章；教学科学在于发展思维，追求创新，提高效率，做时间的文章。”本课完全体现了我的立体教学思想。

（原载《中学语文教学参考》2016年第8期，题目、内容均有改动）

课型 二

文言文四步骤教学课型

文言文四步骤教学课型简介

《邹忌讽齐王纳谏》教学设计

《邹忌讽齐王纳谏》教学课件

《邹忌讽齐王纳谏》教学实录

《邹忌讽齐王纳谏》教学板书

《邹忌讽齐王纳谏》教学构思

文言文四步骤教学课型简介

一、文言文四步骤教学课型的概念

文言文如何教学才会高效？我经过多年的教学实践，总结出了“文言文四步骤教学课型”，即讲解翻译、品读感悟、问题探究、背诵默写，简称“四字经”课型，即“讲、读、探、默”。

二、文言文四步骤教学课型的结构和程序

讲解翻译→品读感悟→问题探究→背诵默写。

（一）第一步骤：讲解翻译。主要体现一个“讲”字，具体讲解清楚以下几点：重点实词、重点虚词、关键句式、所涉典故。最终达到学生能顺畅地直译和意译全文之效果。译文言文可借鉴翻译家林琴南译文三原则：信（忠实原作），达（充分表达作者原意），雅（译文要优美）。

（二）第二步骤：品读感悟。主要体现一个“读”字，让学生反复品读课文。深刻理解与感悟课文所表达的思想和情感。要按新课标要求指导学生：“能用普通话正确、流利、有感情地朗读”课文。要按朗读的四种方法指导学生：重音、停顿、语速、语调。

（三）第三步骤：问题探究。主要体现一个“探”字，引导启发组织学生探究课文的重点与难点，教师解惑释疑。

（四）第四步骤：背诵默写。主要体现一个“默”字，让学生能够背诵默写全文。

三、文言文四步骤教学课型所使用的教学方法

讲授法、品读法、探究法、翻译背诵默写法。

四、文言文四步骤教学课型适应的教学内容

文言文。

五、文言文四步骤教学课型的特点

文言文四步骤教学课型重在知识落实。关键要落实翻译和默写。

《邹忌讽齐王纳谏》教学设计

一、教学目标

（一）工具性：

1. 疏通文义，把握所涉文言文相关知识，翻译所讲内容。

2. 品读感悟“妻、妾、客人”三者不同的心理活动。

（二）人文性：探究思考，让学生懂得讲真话极难的道理。

二、教学重点

1. 疏通文义，把握所涉文言文相关知识，翻译所讲内容。

2. 品读感悟“妻、妾、客人”三者不同的心理活动。

三、教学难点

探究思考，让学生懂得讲真话极难的道理。

四、教学方法

讲解法、朗读法、探究法、翻译法、背诵默写法。

五、教学课型

文言文四步骤教学课型。

六、教学过程

（一）讲解翻译。

（二）品读感悟“妻、妾、客人”三者不同的心理活动。

（三）问题探究：邹忌“暮寝而思之”“思”到了什么？

（四）背诵默写所讲内容。

《邹忌讽齐王纳谏》教学课件

P1

22. 邹忌讽齐王纳谏

《战国策》

谏：谏言。名词，指批评意见。

P2

邹忌修八尺有余，而形貌昳丽。朝服衣冠，窥镜，谓其妻曰："我孰与城北徐公美？"其妻曰："**君美甚，徐公何能及君也？**"城北徐公，齐国之美丽者也。忌不自信，而复问其妾曰："吾孰与徐公美？"妾曰："**徐公何能及君也？**"旦日，客从外来，与坐谈，问之客曰："吾与徐公孰美？"客曰："**徐公不若君之美也。**"明日徐公来，孰视之，自以为不如；窥镜而自视，又弗如远甚。暮寝而思之，曰："**吾妻之美我者，私我也；妾之美我者，畏我也；客之美我者，欲有求于我也。**"

P3

翻　　译

原文：

　　邹忌修八尺有余，而形貌昳丽。朝服衣冠，窥镜，谓其妻曰："我孰与城北徐公美？"其妻曰："君美甚，徐公何能及君也？"

注释：

修：长，这里指身高。

八尺有余：尺，度量衡单位。战国时一尺等于现在的23.1厘米。有，用在整数与零数之间，通"又"。余，表示整数后不定的零数。

而形貌昳丽：而，并列连词。形，形体。貌，容貌。昳丽，光艳美丽。

P3

朝服衣冠：朝，早晨。服，穿戴，名词动用。衣，衣服。冠，帽子。

窥镜：窥，从小孔或缝隙里看。引申为"观察"。窥镜，照镜子。

谓其妻曰：谓，告诉，对……说。其，代词，他的。

我孰与城北徐公美：孰，谁，疑问代词。孰与，与……比，哪一个……怎么样？美，美丽。我与城北徐公相比，哪一个美丽？

君美甚：君，对对方的尊称，相当于"您"。甚，副词。很，非常。倒装句，君甚美。

徐公何能及君也：何，疑问代词，怎么。及，如，比得上。

（说明：凡在实际教学中同属一张幻灯片内容的，其标号一致。下同，后文不再作此说明。）

P4

原文：

城北徐公，齐国之美丽者也。忌不自信，而复问其妾曰：“吾孰与徐公美？”妾曰：“徐公何能及君也？”旦日，客从外来，与坐谈，问之客曰：“吾与徐公孰美？”客曰：“徐公不若君之美也。”

注释：

齐国之美丽者也：之，的。……者也，判断句式。

忌不自信：倒装句。忌不信自。

复问：复，又。

妾：旧社会男子在妻子之外另娶的女人。俗称小老婆，或二房、三房等。

P4

旦日：白天。

与坐谈：省略句。省略了主语“邹忌”和宾语“客人”。

问之客曰：之，用于主语和谓语之间，取消句子的独立性。

徐公不若君之美也：不若，不如，比不上。

P5

原文：

明日徐公来，孰视之，自以为不如；窥镜而自视，又弗如远甚。暮寝而思之，曰："吾妻之美我者，私我也；妾之美我者，畏我也；客之美我者，欲有求于我也。"

注释：

明日：第二天。

孰视之：孰，通"熟"，仔细，周详。视，看；比较。之，代词，指徐公。

以为：认为。

窥镜而自视：而，顺承连词。

P5

又弗如远甚：又，更。弗如，不如。远，差别大。甚，厉害，严重。省略句。倒装句。

暮寝而思之：暮，日落的时候，这里指晚上。寝，睡觉。而，顺承连词。思，想，思考。之，代词，代指白天发生的事。

吾妻之美我者，私我也：之，助词，放在主语和谓语之间，取消句子的独立性。……者，……也，判断句。美，意动用法，以我为美，认为我美。私，动词，偏爱。

畏我也：畏，怕。

欲有求于我也：状语后置，于我有求。欲，想要。于，向。

P6

本段文言文知识积累

一、通假字

1. 八尺有余："有"通"又"。2. 孰视之："孰"通"熟"，仔细。

二、古今异义字

1. 修：古（长，身高）；今（改正）。2. 私：古（偏爱）；今（自私）。3. 服：古（穿戴）；今（衣服）。

三、多义词

1. 孰：①我孰（谁）与城北徐公美；②孰（仔细，周详）视之。

2. 美：①吾妻之美（以……为美）我者，私我也；②徐公不若君之美（美丽，漂亮）也。

P6

3. 之：①齐国之（的）美丽者也；②孰视之（代词，他，指徐公）；③吾妻之（助词，取消句子的独立性）美我者。

四、词类活用

1. 朝服（穿戴，名词动用）衣冠。

2. 吾妻之美（认为我美，意动用法）我者。

3. 私（动词，偏爱）我者。

五、特殊句式

1. 比较句。孰与，（与……比，哪一个……怎么样）。

2. 判断句。……者也；……者，……也。

3. 倒装句。①有求于我（于我有求）。②君美甚（君甚美）。③忌不自信（忌不信自）。④又弗如远甚（又远甚弗如）。

4. 省略句。①与坐谈（省略了主语"邹忌"和宾语"客人"）。②又弗如远甚（省略了宾语"徐公"）。

P7

翻译参考例文

邹忌身高八尺多，形体容貌光艳美丽。有一天早上，他穿好衣服，戴上帽子，照着镜子，对他的妻子说：“我与城北的徐公哪一个美？”他的妻子说：“您非常美，徐公怎么能比得上您呀？”城北的徐公，是齐国公认的美男子。邹忌不相信自己比徐公美，就又问他的妾说：“我跟徐公谁美？”妾说：“徐公哪里比得上您美呢？”等天明，有位客人从外边来，邹忌跟他坐着聊天，问他道：“我和徐公谁美？”客人说：“徐公不如您美。”第二天，徐公来了，邹忌仔细观察比较，认为自己不如徐公美；再照着镜子看看自己，更觉得相差太远。晚上躺在床上（他）反复思考这件事，终于明白了：“我的妻子赞美我，是因为偏爱我；妾赞美我，是因为害怕我；客人赞美我，是有求于我。”

P8

品　　读

邹忌修八尺有余，而形貌昳丽。朝服衣冠，窥镜，谓其妻曰：

“我孰与城北徐公美？”其妻曰：

“君美甚，徐公何能及君也？”

城北徐公，齐国之美丽者也。忌不自信，而复问其妾曰：

“吾孰与徐公美？”妾曰：

“徐公何能及君也？”

旦日，客从外来，与坐谈，问之客曰：

“吾与徐公孰美？”客曰：

“徐公不若君之美也。”

明日徐公来，孰视之，自以为不如；窥镜而自视，又弗如远甚。暮寝而思之，曰：

“吾妻之美我者，私我也；妾之美我者，畏我也；客之美我者，欲有求于我也。”

P9

一、给本段起个小标题。

“邹忌与徐公比美”

二、从邹忌“暮寝而思之”的内容你悟出了什么道理？

说真话不容易！

P10

落　实

背诵默写本段。

《邹忌讽齐王纳谏》教学实录

第一步骤：讲

师：同学们好！我们今天学习《邹忌讽齐王纳谏》。请同学们看大屏幕上的课题：邹忌讽齐王纳谏。课题中的“讽”字和“纳”字课下都有注释，那这个“谏”字是什么意思呢？

生1：讽谏，规劝。

师：“讽”是“讽谏，规劝”的意思，难道这个“谏”和“讽”是一个意思吗？再好好想一想。请坐。

生2：谏言，指批评意见。

师：对！显然这个“谏”字是名词，在这里做“纳”的宾语嘛，形成了动宾结构。那全句该怎么翻译呢？

生3：邹忌规劝齐威王接受批评意见。

（以上为“解题导入”）

师：非常好！这篇文言文比较长，所以，这堂课我们只学习第一自然段。在学习之前，老师先示范朗读一遍课文，同学们看课文默读。（老师读完，学生掌声雷动）

师：这第一自然段讲的什么意思呢？老师把它划分为了三小节。现在每个人都参照大屏幕上老师给你们提供的详细注释，在练习本上翻译每一小节。注意，翻译要遵循三原则：信，即忠实原作；达，充分表达作者原意；雅，译文要优美。另外，每一小节我们请两位同学上讲台在黑板上分别翻译一下加下画线的两句话。（学生翻译完毕，老师重点讲解，并和学生共同检查点评这六位学生在黑板上翻译的情况。此处略）

【第一小节投影内容】

原文：

邹忌修八尺有余，而形貌昳丽。朝服衣冠，窥镜，谓其妻曰：“我孰与城北徐公美？”其妻曰：“君美甚，徐公何能及君也？”

注释：

修：长，这里指身高。

八尺有余：尺，度量衡单位。战国时一尺等于现在的23.1厘米。有，用在整数与零数之间，通“又”。余，表示整数后不定的零数。

而形貌昳丽：而，并列连词。形，形体。貌，容貌。昳丽，光艳美丽。

朝服衣冠：朝，早晨。服，穿戴，名词动用。衣，衣服。冠，帽子。

窥镜：窥，从小孔或缝隙里看。引申为“观察”。窥镜，照镜子。

谓其妻曰：谓，告诉，对……说。其，代词，他的。

我孰与城北徐公美：孰，谁，疑问代词。孰与，与……比，哪一个……怎么样？美，美丽。我与城北徐公相比，哪一个美丽？

君美甚：君，对对方的尊称，相当于“您”。甚，副词。很，非常。倒装句，君美甚。

徐公何能及君也：何，疑问代词，怎么。及，如，比得上。

〈**板书**　比较句，倒装句〉

【第二小节投影内容】

原文：

城北徐公，齐国之美丽者也。忌不自信，而复问其妾曰：“吾孰与徐公美？”妾曰：“徐公何能及君也？”旦日，客从外来，与坐谈，问之客曰：“吾与徐公孰美？”客曰：“徐公不若君之美也。”

注释：

齐国之美丽者也：之，的。……者也，判断句式。

忌不自信：倒装句。忌不信自。

复问：复，又。

妾：旧社会男子在妻子之外另娶的女人。俗称小老婆，或二房、三房等。

旦日：第二天。（书上注释有误，应为“白天”。）

与坐谈：省略句。省略了主语“邹忌”和宾语“客人”。

问之客曰：之，用于主语和谓语之间，取消句子的独立性。

徐公不若君之美也：不若，不如，比不上。

〈**板书**　省略句〉

【第三小节投影内容】

原文：

明日徐公来，孰视之，自以为不如；窥镜而自视，又弗如远甚。暮寝而思之，曰：“吾妻之美我者，私我也；妾之美我者，畏我也；客之美我者，欲有求于我也。”

注释：

明日：第二天。

孰视之：孰，通“熟”，仔细，周详。视，看；比较。之，代词，指徐公。

以为：认为。

窥镜而自视：而，顺承连词。

又弗如远甚：又，更。弗如，不如。远，差别大。甚，厉害，严重。省略句。倒装句。

暮寝而思之：暮，日落的时候，这里指晚上。寝，睡觉。而，顺承连词。思，想，思考。之，代词，代指白天发生的事。

吾妻之美我者，私我也：之，助词，放在主语和谓语之间，取消句子的独立性。……者，……也，判断句。美，意动用法，以我为美，认为我美。私，动词，偏爱。

畏我也：畏，怕。

欲有求于我也：状语后置，于我有求。欲，想要。于，向。

〈板书　意动句〉

师：现在，我们共同来梳理一下本段课文所涉及的文言文知识。（老师和学生共同梳理，最后形成一个“知识结构”）

【幻灯片：本段文言文知识积累】

一、通假字

1．八尺有余：“有”通“又”。2．孰视之：“孰”通“熟”，仔细。

二、古今异义字

1．修：古（长，身高）；今（改正）。2．私：古（偏爱）；今（自私）。3．服：古（穿戴）；今（衣服）。

三、多义词

1．孰：①我孰（谁）与城北徐公美；②孰（仔细，周详）视之。

2．美：①吾妻之美（以……为美）我者，私我也；②徐公不若君之美（美丽，漂亮）也。

3．之：①齐国之（的）美丽者也；②孰视之（代词，他。指徐公）；③吾妻之（助词，取消句子的独立性）美我者。

四、词类活用

1．朝服（穿戴，名词动用）衣冠。2．吾妻之美（认为我美，意动用法）我者。3．私（动词，偏爱）我者。

五、特殊句式

1．比较句。孰与（与……比，哪一个……怎么样）。

2．判断句。……者也；……者，……也。

3．倒装句。①有求于我（于我有求）。②君美甚（君甚美）。③忌不自信（忌不信自)。④又弗如远甚(又远甚弗如)。

4．省略句。①与坐谈(省略了主语"邹忌"和宾语"客人")。②又弗如远甚(省略了宾语"徐公")。

第二步骤：读

师：现在，同学都知道这段文字的意思了，但要真正知道这些文字里所包含的思想和情感，只有好好品读一番课文，才会有所感悟。谁来毛遂自荐，读一读？好，你来！(生4读完)

师：这个同学读得很正确、很流畅，但是，好像还缺乏点色彩。大家说，朗读的最高境界是什么？

生：(齐答)有感情！

师：好！谁再来有感情地朗读一下？(生5读完)

师：不错，有感情了。但好像感情还不充沛，还不到位。听老师读一读。(老师读完，掌声四起)好，大家齐读一下。

师：下一环节，我们重点品读三句话。就是"妻""妾""客"回答邹忌这三句话。先读邹忌"妻"回答邹忌这句话："君美甚，徐公何能及君也？"谁来？好，你来！(生6读完，毫无感情)

师：这一句应该读出邹忌妻子对邹忌的什么感情呢？

生6：偏爱。

师：对啊！那你再读读，读出"偏爱"的味道来！

师：有点意思，有点味道了，但还不足。谁来挑战她，读一读？好，你来！

师：好多了。我们讨论一下，要读出邹忌妻子对邹忌的"偏爱"之情，这句话应该重读哪些地方呢？应该强调哪些词语呢？对啊！应该重读"甚"和"何能"，为什么？哦，"甚"是他妻子直抒胸臆，强调老公"特别"俊美，当然要重读啦。这句话本身就是一个反问句，表示强烈的肯定。那表示反问的疑问代词"何能"当然也该重读了！好，你再试试。(生6又读，获得掌声)

〈**板书**　妻子偏爱〉

师：那读邹忌"妾"的答话要读出什么感情色彩呢？对啊！要读出那种"胆怯"来。所以，要读得让赞美之声听起来有点勉强的味道来。谁来读读？好，你读！(生7读得像模像样)非常棒！

〈**板书**　小妾胆怯〉

师：我们从字面上比较一下，邹忌的"妻""妾"回答邹忌的两句话有什么异同？

生8：邹忌的“妻”“妾”回答邹忌的两句话相同的是都有“徐公何能及君也？”这个反问句，不同的是，邹忌的“妻”回答邹忌的话多了三个字“君美甚”。

师：回答得非常正确。那你能说说这说明了什么问题吗？

生8：说明邹忌的“妻”比邹忌的“妾”对邹忌的感情更深。

师：你真是太聪明了！上课很会动脑筋，老师欣赏你！那你再按这样的理解分别读一下这两句话，注意区分她们俩人的感情色彩的异同。（这里用了“比较朗读”法。生8读得很精彩，博得了一阵掌声）

师：那客人的话应该读出什么感情色彩呢？

生9：因为客人有求于邹忌，所以客人不得不谄媚邹忌，说违心的话，因此要读出客人那种阿谀奉承的味道来。

师：你说得真好！那你试着读一读。嗯，是读出了客人那种违心和巴结的味道！大家掌声鼓励一下他！

〈**板书**　客人奉承〉

师：下面，我们叫几个同学分角色朗读一下这段课文。（学生群情激昂，十分踊跃。此处略）

第三步骤：探

师：

“（邹忌）暮寝而思之，曰：‘吾妻之美我者，私我也；妾之美我者，畏我也；客之美我者，欲有求于我也。’”邹忌究竟“思”到了什么呢？

生10：邹忌觉得他们都在骗他。

师：很有道理。还有呢？

生11：邹忌被蒙了！

师：有思想！不错！还有呢？

生12：我觉得邹忌应该觉得让人说真话真难。

〈**板书**　说真话真难〉

师：你们几位同学都很有思想，你们的发言都很精彩！邹忌的思索应该还有很多，但最终他想到的是什么，我们下一节课学习了后面的内容自然就知道了。

师：请给这一段起个小标题。谁来？（学生各执己见，莫衷一是）我提示大家——第一，标题一定要简洁，第二，标题要切中内容。

生13：邹忌与徐公比美。

师：好不好？

生：（齐答）好！

第四步骤：默

师：请同学们背诵默写这段课文。

《邹忌讽齐王纳谏》教学板书

22. 邹忌讽齐王纳谏

《战国策》

1. 落实：比较句、倒装句、意动句、省略句。
2. 读出人物的内心世界和情感：妻子偏爱，小妾胆怯，客人奉承。
3. 明理：说真话真难！

《邹忌讽齐王纳谏》教学构思

《邹忌讽齐王纳谏》的教学严格按照我的“文言文四步骤教学课型”进行教学。

第一步骤“讲解翻译”，是文言文教学的基础。通过师生对课文“字对字、句对句”地翻译，达到学生能够直译和意译课文的目标。这一步骤有几点或可借鉴：一是注重“讲”。这里的讲是“讲解”之意。讲授法是语文教学的基本教学方法之一。文言文比较艰涩，老师的讲解十分重要。不能因为搞课改，把语文教学的基本方法都丢弃了，正如泼洗澡水把孩子也泼掉了一样。这是极其愚蠢的。二是“丰富课下注释”，甚至“纠正课下不当注释”。丰富课下注释，旨在帮助学生理解课文。当然，如果能让学生充分利用工具书查资料翻译课文则更好，因为这样有利于培养学生的动手能力和翻阅工具书查资料的良好习惯。鉴于课程的紧迫，没有更多的时间让学生自行钻研教材，而教材上的注释又比较简单，不利于学生理解原文。所以，每一小节详细的注释都是老师备课查资料查工具书提供给学生的。教材里有的注释有“错误”，教师就要帮助学生“纠正”之，从而培养学生追求真理的精神，读书但不唯书而上。比如，本节课文里的“旦日”一词，课下注释为“第二天”，显然错误。“邹忌与徐公比美”的事情肯定是同一特定时间发生的，也就是“当天”。否则，后面的“明日徐公来”的“明日”又该作何解释？难道成了“第二天的第二天”？显然有悖情理。所以，“旦日”应解释为“白天”，而绝非“第二天”。这就对教师备课提出了更高的要求，教师的备课量显然要加大了。三是让学生“动笔”翻译。现在许多老师上文言文课只是口头讲解，不让学生亲自动笔翻译。这是极其有害的，往往会造成学生知道是知道了，但一考试在卷子上却写错别字。我有意识让六位同学上讲台翻译重点句子，就是要加强学生的动笔意识和习惯。切记：唯有动笔才会落实！四是指导学生“系统地梳理文言文知识”，帮助学生逐步形成自己的“文言文知识结构”。每讲一篇课文都如此，天长日久，日积月累，学生就会把握学习文言文的规律了，也就形成阅读文言文的能力了。

第二步骤的教学“品读感悟”，要落实到一个“读”字上，就是“朗读、品读”。通过品读，让学生充分理解感悟人物的思想与情感。这一步骤的关键是老师对学生朗读的精准指导。要按课标要求指导学生的朗读，即“能用普通话正确、流利、有感情地朗读”课文。朗读得“正确、流利”是基本要求，而“有感情地朗读”课文才是最高境界。有感情地朗读课文，才称得上是“品读”。按朗读的四种方法指导学生的朗读，即“重音、停顿、语速、语调”。“比较朗读”“分角色朗读”则会增加学生的朗读热情和学习兴趣。

第三步骤为“问题探究”，要落实到一个“探”字上。第一个问题是“邹忌‘思’到了什么？”探的目的是启发学生善于思考，培养学生的思维能力。第二个问题是“起小标题”。探的目的是引导学生学会概括，培养学生的总结概括能力，让学生的思维由发散到收束，深刻领会课文的思想和内容。

第四步骤“背诵默写”，要落实到一个“默”字上，即“默写”。要默写就必须会背诵。

实践证明，我的文言文“讲、读、探、默”教学课型，取得了良好的教学效果。这四个字逻辑关系严密，不可随意换位，符合文言文教学的规律，比较科学。尤其是第一环节，要确立“讲授法”的主体性。第一环节必须讲，必须“疏通文义，讲解翻译”。只有让学生对文意有了整体感知后，朗读才会读出感觉、读出味道，否则，朗读就会无的放矢，缺乏根基，效果欠佳。很多老师常常讲文言文时，一开始就在学生根本不知道文意的情况下，先让学生大读特读一阵子，我极不赞成，因为这种做法极不科学。还有一点，我为何只讲一个自然段呢？原因很简单，一堂课40分钟只能干40分钟的活呀！精讲一段，可以作为范例，其余内容的学习可以效仿这一段。

课型 三

古典诗词四环节教学课型

古典诗词四环节教学课型简介

《武陵春》教学设计

《武陵春》教学课件

《武陵春》教学实录

《武陵春》教学板书

《武陵春》教学构思

古典诗词四环节教学课型简介

一、古典诗词四环节教学课型的概念

古典诗词四环节教学课型是针对古典诗歌所设计的课型，分为“讲”“读”“品”“背”四个环节。

二、古典诗词四环节教学课型的结构和程序

讲解→品读→品析→翻译背诵默写

三、古典诗词四环节教学课型适应的教学内容

古典诗词。

四、古典诗词四环节教学课型使用的教学方法

讲授法、品读法、分析法、翻译背诵默写法。

五、古典诗歌四环节教学课型的特点

古典诗词四环节教学课型集讲、读、品、背诵默写为一体，符合古典诗词的学习认知规律，且注重在讲的基础上理解诗意，在读的过程中感悟诗情，在品的过程中升华主旨，在翻译背诵默写中注重落实——逻辑有序。

《武陵春》教学设计

一、教学目标

（一）人文性：感受作者愁苦悲痛的心境。

（二）工具性：学习词人写愁的独特手法，并吟诵本词。

二、教学重点

理解本词并吟诵之。

三、教学难点

学习词人写愁的独特手法。

四、教学方法

讲解法、朗读法、吟诵法。

五、教学课型

古典诗词四环节教学课型。

六、教学过程

（一）以写“愁”的名句导入，直奔主题。

（二）讲解本词，理解大意。

（三）朗读、吟诵作品，感受作者的思想感情，领悟词之意境。

《武陵春》教学课件

P1

“若问闲愁都几许，一川烟草，满城风絮，梅子黄时雨。”

——贺铸

“白发三千丈，缘愁似个长。”

——李白

“问君能有几多愁？恰似一江春水向东流。”

——李煜

P2

作者与写作背景简介

李清照，今山东章丘人，号易安居士，宋代女词人。她将“语尽而意不尽，意尽而情不尽”的婉约风格发展到了顶峰，赢得了婉约派词人“宗主”的地位，有“千古第一才女”之美誉。

早期生活优裕，与丈夫赵明诚共同致力于书画金石的搜集整理。金兵入据中原时，词人53岁，经历了国破家亡、文物丧失、丈夫病死等不幸遭遇，流寓南方，境遇孤苦凄惨，内心极其悲痛。这首词正是她当时真实的生活与思想写照 。

P3

武陵春

（宋）李清照

风住尘香花已尽，
日晚倦梳头。
物是人非事事休，
欲语泪先流。

闻说双溪春尚好，
也拟泛轻舟，
只恐双溪舴艋舟，
载不动许多愁。

P4

风住尘香花已尽，日晚倦梳头。

注解：
- “风住”，风停了。
- “尘香”，落花触地，尘土也沾染上落花的香气 。
- “尘香花已尽”系倒装。
- “日晚”，也作“日落”，即黄昏时分。
- “倦”，困倦，慵懒。

意译：

春风停息，芳华不在，残红飘落，化作尘土。黄昏时分，我临镜而坐，竟无心梳妆。

赏析：

“花已尽”，也作“春已尽”，约暮春三月，有象征衰败之意。“花已尽”与“日晚”，交代特定的时间。该句借日晚作者都无心梳妆这种看似违背常理的细节描写，表达了词人内心的哀伤。

P5

物是人非事事休，欲语泪先流。

注解：

· “物是人非”（成语），景物依旧，人事已变。这里暗指丈夫已死。
· “休”，停止。“事事休”，所有的事情都停止了。

意译：

眼前景物依然，而人事已变，顿觉万事皆休。这一切的悲痛不能说，更不能想，一想到就会泪如雨下。

赏析：

国破、家亡、夫死，劫后余生的词人百感交集，该有多少痛苦要诉说，却又不知道从何说起，更不知道该向谁倾诉！“欲语泪先流”的细节描写表现了词人难言的悲痛，撼人心魄。

上阕大意：

词的上阕是写“愁容愁态”，侧重对现实生活的本真感受，表现了词人心灵深处的悲哀。

P6

闻说双溪春尚好，也拟泛轻舟，
只恐双溪舴艋舟，载不动许多愁。

注解：

· “闻说”，听说。
· “双溪”，是唐宋时有名的游览胜地。
· “拟”，打算。
· “舴艋舟”，一种形似蚱蜢的小船。
· “载”，装载。

意译：

听说双溪春光依旧，我曾打算乘坐小舟前往观赏，借以消愁。但一想到溪上那一叶单薄的小舟，却又只得作罢，因为我害怕它无法承载起我这许多的忧愁。

P7

赏析：

词的下阕连用“闻说”“也拟”“只恐”三组虚词，起伏转折，表现了词人内心的矛盾与复杂。“闻说”两句，是说词人打算泛舟寻春，聊藉悲情。事实上，词人原来就很喜欢荡舟——少女时曾有“藕花深处”（《如梦令》）的荷湖游，结婚后又有“独上兰舟”（《一剪梅》）的思夫游，甚至连做梦也有“篷舟吹取三山去”（《渔家傲》）的逍遥游。然而此时忧深愁重，再“泛轻舟”怕只会寻春不见春，消愁徒增愁了，于是寻春念头顿时消失。未及成行，心绪又转——“只恐”双溪舟小载不动诸多愁苦，唯有闭门负忧，独自销魂。上阕“欲语泪先流”的原因，至此也得到了深刻的揭示。词的下阕把词人在特殊环境下瞬间的微妙复杂的心理变化表现得淋漓尽致。

下阕大意：

词的下阕是写“愁情愁怀”，侧重心理活动的细腻挖掘，表现词人短暂自慰后的深重失落。

P8

比较感悟

·“若问闲愁都几许，一川烟草，满城风絮，梅子黄时雨。”（贺铸）

·“白发三千丈，缘愁似个长。”（李白）

·“问君能有几多愁？恰似一江春水向东流。”（李煜）

·“只恐双溪舴艋舟，载不动许多愁。”（李清照）

佳句品析

“只恐双溪舴艋舟，载不动许多愁”之句，蜚声词坛，盛传千古，堪称绝唱——词人独具匠心地把抽象的“愁”物质化、形象化，既写了愁之多，又表达了愁之沉重，从而使抒情形象显得更加丰满，全词所表达的思想感情也更加突出、更加鲜明、更加深刻。

P9

诗者，志之所之也

研究《诗经》的著作《毛诗序》语录：

诗者，志之所之也，在心为志，发言为诗。情动于中而形于言，言之不足，故嗟叹之，嗟叹之不足，故永歌之，永歌之不足，不知手之舞之足之蹈之也。

诗，是人表现志向所在的方式，在心里就是志向，用语言表达出来就是诗。情感在心里被触动必然就会表达为语言，语言不足以表达，就会吁嗟叹息，吁嗟叹息不足以表达，就会长声歌咏，长声歌咏不足以表达，就会情不自禁地手舞足蹈。

P10

词之意境

《武陵春》一词，词人从自己的不幸遭遇和独特感受出发，围绕“愁”这个主题，将自己那难以言状、无法排遣的身世之悲、家国之思、丧夫之痛、飘零之苦融进了有限的艺术境界，获得了普遍的社会审美意义，形成了李清照“感愤时事之作”的独特风貌。

P11

作　业

背诵默写本词。

《武陵春》教学实录

时间：2011年3月24日
地点：南联学校阶梯教室
主题：教研员示范课
执教者：孙春成

【投影】

“若问闲愁都几许，一川烟草，满城风絮，梅子黄时雨。”——贺铸

“白发三千丈，缘愁似个长。”——李白

“问君能有几多愁？恰似一江春水向东流。”——李煜

师：请同学们齐读一下这三句诗词。

生：齐读。

师：请问，这三句诗词有什么共同之处？

生：（几乎齐答）都是写“愁”的。

师：非常正确！古典诗词中言愁之作颇多，且各具特色，异彩纷呈。如贺铸“若问闲愁都几许，一川烟草，满城风絮，梅子黄时雨”之直陈肺腑；李煜“问君能有几多愁？恰似一江春水向东流”之妙置比喻；晏殊“槛菊愁烟兰泣露，罗幕轻寒，燕子双飞去”之寓愁于景；等等。今天我们共同学习欣赏李清照的《武陵春》一词。同是写愁，李清照却能自出机杼，别具一格，于“短幅中藏无数曲折”（黄了翁《蓼园词选》），具有很高的审美品位和欣赏价值。

（以上是“诗句导入，直奔主题”）

师：先了解一下作者李清照和《武陵春》的写作背景吧！

【投影】

李清照，今山东济南章丘人，号易安居士，宋代女词人。她将“语尽而意不尽，意尽而情不尽”的婉约风格发展到了顶峰，赢得了婉约派词人“宗主”的地位，有“千古第一才女”之美誉。早期生活优裕，与丈夫赵明诚共同致力于书画金石的搜集整理。金兵入据中原时，词人53岁，经历了国破家亡、文物丧失、丈夫病死等不幸遭遇，流寓南方，境遇孤苦凄惨，内心极其悲痛。这首词正是她当时真实的生活与思想写照。

〈**板书**　婉约派：语尽而意不尽，意尽而情不尽。“宗主”〉

师：鉴于李清照的人生经历和《武陵春》的写作背景，我们朗读这首词要怀着怎样的感情呢？

生：（齐）极其悲痛的感情。

师：好的。我给同学们先示范朗读一遍这首词。

（老师深情的朗读结束，掌声）

师：这首词具体写了什么内容呢？我们了解一下。

【投影】

原文：

风住尘香花已尽，日晚倦梳头。

注解：

1．“风住”，风停了。

2．“尘香”，落花触地，尘土也沾染上落花的香气。

3．“尘香花已尽”系倒装。

4．“日晚”，也作“日落”，即黄昏时分。

5．“倦”，困倦，慵懒。

意译：

春风停息，芳华不在，残红飘落，化作尘土。黄昏时分，我临镜而坐竟无心梳妆。

赏析：

“花已尽”，也作“春已尽”，约暮春三月，有象征衰败之意。“花已尽”与“日晚”，交代特定的时间。该句借日晚作者都无心梳妆这种看似违背常理的细节描写，表达了词人内心的哀伤。（师逐一讲解）

师：首句“风住尘香花已尽”，运笔细腻，一语三宕，既从反面写出了风吹花落、芳华委地的暮春凄景，又透露出词人对美好景物遭受摧残的惋惜之情。“日晚倦梳头”句，是说日色已高，而词人犹“倦”于梳头。这类笔法在词人的早期作品《凤凰台上忆吹箫》中亦有体现，“起来慵自梳头”即是。词人之所以连头发也懒得梳洗，是因为她的丈夫遥在远方。生离尚且如此无情无绪，死别带给作者的精神创伤可想而知，更何况给她带来深哀巨痛的远不止和丈夫的永诀！复又亡国之哀，流离之苦。因此，这句看似违背常理的细节描写，寄寓着词人内心的悲泣。

【投影】

原文：

物是人非事事休，欲语泪先流。

注解：

1．“物是人非”（成语），景物依旧，人事已变。这里暗指丈夫已死。

2．“休”，停止。“事事休”，所有的事情都停止了。

意译：

眼前景物依然，而人事已变，顿觉万事皆休。这一切的悲痛不能说，更不能想，一想到就会泪如雨下。

赏析：

国破、家亡、夫死，劫后余生的词人百感交集，该有多少痛苦要诉说，却又不知道从何说起，更不知道该向谁倾诉！“欲语泪先流”的细节描写表现了词人难言的悲痛，撼人心魄。

（师逐一讲解）

师：“物是人非事事休”句，犹言今非昔比，悲不禁从中来，感到万事皆休。这里的“事事休”，大致因为国破家亡、夫死身婺、颠沛流离等。此时，劫后余生的词人百感交集，该有多少事情要诉说，又该有多少痛苦要倾吐，而千头万绪却不知从何说起，万语千言又可与谁语？正当要说，眼泪早已扑簌而下，“欲语泪先流”句，用流泪这一鲜明的细节表现了词人难言的悲痛，具有一股撼人心旌的艺术魅力。歇拍两句是《漱玉词》中并不多见的直抒胸臆的句子，词人之所以一改含蓄风格，当是因为汹涌澎湃的情潮漫出心堤，无法遏制，只好任其自由宣泄。

师：词的上阕是写“愁容愁态”，侧重对现实生活的本真感受，表现词人心灵深处的悲哀。

〈**板书**　愁容愁态→内心悲哀〉

【投影】

原文：

闻说双溪春尚好，也拟泛轻舟，

只恐双溪舴艋舟，载不动许多愁。

注解：

1．“闻说”，听说。

2．“双溪”，是唐宋时有名的游览胜地。

3．“拟”，打算。

4．“舴艋舟”，一种形似蚱蜢的小船。

5．“载”，装载。

意译：

听说双溪春光依旧，我曾打算乘坐小舟前往观赏，借以消愁。但一想到溪上那一叶单薄的小舟，却又只得作罢，因为我害怕它无法承载起我这许多的忧愁。

赏析：

词的下阕连用“闻说”“也拟”“只恐”三组虚词，起伏转折，表现了词人内心的矛盾与复杂。“闻说”两句，是说词人打算泛舟寻春，聊藉悲情。事实上，词人原来就很喜欢荡舟——少女时曾有“藕花深处”（《如梦令》）的荷湖游，结婚后又有“独上兰舟”（《一剪梅》）的思夫游，甚至连做梦也有“篷舟吹取三山去”（《渔家傲》）的逍遥游。然而此时忧深愁重，再“泛轻舟”怕只会寻春不见春，消愁徒增愁了，于是寻春念头顿时消失。未及成行，心绪又转：“只恐”双溪舟小载不动诸多愁苦，唯有闭门负忧，独自销魂。上阕“欲语泪先流”的原因，至此也得到了深刻的揭示。词的下阕把词人在特殊环境下瞬间的微妙复杂的心理变化表现得淋漓尽致。

师：词的下阕是写“愁情愁怀”，侧重心理活动的细腻挖掘，表现词人短暂自慰后的深重失落。

〈**板书**　愁情愁怀→深重失落〉

【以上是“范读讲解，明确词意”】

师：这首词堪称绝唱，只有通过反复朗读，才能体会感悟出词中包含的深刻思想感情。哪位同学给大家读一下？

生1读。

师：读得正确、流畅，但感情不够充沛。谁再来读读？

生2读。

师：好多了。

师：词的上阕写的是“愁容愁态”，表达了词人内心的悲哀，读的时候，语速该快还是慢？

生：（齐）慢。

师：语调该高？该低？

生：（齐）低。

师：为何要慢、要低？

师：对！只有读得缓慢一些，低沉一些，才能表达李清照内心的悲哀。

师：那谁来给咱们读一读词的上片？好，你来读。

生3读。

师：读得很有味道，很有感情，很不错！

师：词的下阕写的是“愁情愁怀”，表达了词人心情的失落，应该怎么读？

生：（齐）也要读得慢点、低沉点。

师：不错！哪里最值得重读、强调一下呢？

生4：最后一句。

师：为什么？

生4：因为全诗就写一个“愁”，这句是说李清照的愁太多了！

师：你太理解李清照了，你已经是李清照了！那你按照这样的理解读一读这一句。

生4读。

师：太棒了！

师：我给大家领读一遍。

（师逐句领读完毕）

师：好，就照这个样子，同学们自由大声朗读，争取背下来。

（学生自由大声朗读6分钟）

师：同学们读得都很认真、很用功。大家知道，诗词是可以作为歌词来吟唱的。我给同学们吟唱一下这首词，大家感悟一下李清照的心情，好吗？

生：（齐）好！

（师吟唱毕，课堂上掌声如雷）

【以上是“朗读感悟，领会情感”】

【投影】

1．“若问闲愁都几许，一川烟草，满城风絮，梅子黄时雨。”（贺铸）

2．“白发三千丈，缘愁似个长。”（李白）

3．“问君能有几多愁？恰似一江春水向东流。”（李煜）

4．“只恐双溪舴艋舟，载不动许多愁。”（李清照）

师：比较前三个写“愁”的诗句，看看李清照写“愁”的特点是什么。

师：“只恐双溪舴艋舟，载不动许多愁”之句，蜚声词坛，盛传千古，堪称绝唱——词人独具匠心地把抽象的“愁”物质化、形象化，既写了愁之多，又表达了愁之沉重，从而使抒情形象显得更加丰满，全词所表达的思想感情也更加突出、更加鲜明、更加深刻。

〈**板书**　佳句品析：只恐双溪舴艋舟，载不动许多愁〉

【投影】

研究《诗经》的著作《毛诗序》语录：“诗者，志之所之也，在心为志，发言为诗。情动于中而形于言，言之不足，故嗟叹之，嗟叹之不足，故永歌之，永歌之不足，不知手之舞之足之蹈之也。”

师：谁给大家解释一下这段话？

生3：诗，是人表达志向的，在心里就是志向，写出来就是诗。情感被触动就会表达为语言，语言不足以表达，就会吁嗟叹息，吁嗟叹息不足以表达，就会长声歌咏，长声歌咏不足以表达，就会手舞足蹈。

师：他说得非常好！特别棒！诗，是人表现志向所在的方式，在心里就是志向，用语言表达出来就是诗。情感在心里被触动必然就会表达为语言。语言不足以表达，就会吁嗟叹息。吁嗟叹息不足以表达，就会长声歌咏。长声歌咏不足以表达，就会情不自禁地手舞足蹈。

师：总之，《武陵春》一词，词人从自己的生活实际和独特感受出发，寓邦国大事于生活场景之中，借个人琐事抒发她关心时政的忧思，将时代与自身无限的悲愁用巧妙的手法融进有限的艺术境界，从而使词人那种不能言明、难以排遣的身世之悲、家国之思、飘零之痛得到了深刻的传递与表达。也正是在这个意义上，本词不仅获得了艺术审美价值，而且也赢得了普遍的社会审美意义，从而形成了李清照“感愤时事之作”的独特风貌。

〈**板书**　诗者，志之所之也〉

【以上是“品析名句，点拨意境”】

师：今天的课就上到这里，作业是背诵默写这首词。下课！

生：（齐）老师，再见！

《武陵春》教学板书

武陵春

李清照

婉约派：语尽而意不尽，意尽而情不尽。“宗主”。

上阕：愁容愁态→内心悲哀

下阕：愁情愁怀→深重失落

佳句品析：只恐双溪舴艋舟，载不动许多愁。

诗者，志之所之也。

《武陵春》教学构思

古典诗词四环节教学课型分为讲解、品读、品析、翻译背诵默写四个环节。

讲解是学生理解诗歌的基础，也是接下来“读”“品”“背”环节的前提。但这一环节往往被广大语文教师忽略。我们认为，不但要讲，而且要讲细、讲透。不但要教师讲，也可以让学生讲。学生如果不能充分地亲近文本，了解文章，那么诵读与鉴赏就成了无本之木、无源之水，成为空中楼阁了。讲解可以分为三个步骤：第一，讲词义。诗歌的语言是高度凝练的语言，每一个词都包含丰富的意象，所以教师应当对诗歌中的每一个词的词义都理解得清清楚楚，绝不能含含糊糊、模棱两可。尤其是诗歌中的用典、成语更要重点讲解。第二，讲诗意。在掌握重点词语的基础上，在教师的引导下，学生要能够直译或意译出诗句。先要落实每一联或每一句的诗意，然后到上阕、下阕，最后至通译整首诗歌。第三，讲诗情。在理解诗意的基础上，让学生初步了解诗歌所表达的思想感情。用凝练的、诗意的语言来解读诗情，营造氛围，创设意境，为朗诵诗歌作铺垫。

品读是诗歌鉴赏教学最重要的一个环节。学生能在明白诗意、初步理解诗情的基础上通过反复诵读，进一步深入文本，把握作者的情感。教师的朗读指导不应过于宽泛，除了明确诗歌的感情基调之外，还应当指导学生读好停顿、读出重音、读出语速语调的快慢节奏变化来。如，在指导《武陵春》上阕的朗读中就应当明确语速应该相对缓慢，语调应该低沉，才能表达作者的愁容愁态。下阕的朗读继续保持语速缓慢、语调低沉的情绪，表达作者的愁情愁怀，但对于词眼“只恐双溪舴艋舟，载不动许多愁”一句要重读，作一强调。教师通过对每一句的具体指导，能够让学生更深入地理解作者所表达的思想感情。然后，指导学生在朗读全文的过程中读出抑扬顿挫、读出情感变化来。教师示范吟唱，既可帮助学生理解词义，又可活跃课堂气氛，激发学生思维，教法新颖，别具一格。

品析是抓住诗歌的关键句子进行重点欣赏，进一步理解诗的主旨。每一首诗都有诗眼。而诗眼所在诗句往往是流传千古的名句。在诗歌鉴赏教学中，教学应对这些诗句进行重点赏析：或从横向、纵向进行对比鉴赏，或品析诗句的写作手法。如，在讲李清照《武陵春》的时候就应当抓住“只恐双溪舴艋舟，载不动许多愁”品析“愁”。可以从“化虚为实、以实写虚”的写作手法的角度赏析，也可以与“若问闲愁都几许，一川烟草，满城风絮，梅子黄时雨”，“白发三千丈，缘愁似个长”，“问君能有几多愁？恰似一江春水向东流”等写愁名句进行横向对比来进行赏析。

翻译背诵默写是诗歌鉴赏教学的落实环节。通过讲解、品读、鉴赏，或者也可以教会学生吟唱诗歌，学生应能够当堂熟练地翻译背诵默写全诗。

课型 四

现代文阅读教学三板块课型

现代文阅读教学三板块课型简介

《秋天的怀念》教学设计

《秋天的怀念》教学课件

《秋天的怀念》教学实录

《秋天的怀念》教学板书

《秋天的怀念》教学构思

现代文阅读教学三板块课型简介

一、现代文阅读教学三板块课型的概念

现代文阅读教学三板块课型中的三个板块是读、探、写。读是基础，以读悟情，以读明理，以读代讲。探是核心，以探促思，以探破的，回归生本课堂。“写”是关键，以写促读，读写结合，能力迁移。

二、现代文阅读教学三板块课型的结构和程序

读→探→写。

三、现代文阅读教学三板块课型适应的教学内容

一般适宜篇幅较短的现代文，如散文。

四、现代文阅读教学三板块课型所使用的教学方法

朗读法、探究法、点拨法、讲授法、启发法、引导法、表演法、读写结合法。

五、现代文阅读教学三板块课型的特点

我以《秋天的怀念》为例说明一下现代文阅读教学三板块课型的特点。

（一）一课一得。教学目标的设计与定位，秉持“量体裁衣，量力而行，一课一得”的原则，重点突出。如《秋天的怀念》的“教学目标”就定位为：工具性上之知识教学，主攻细节描写；人文性上之做人教育，侧重孝道传承。

（二）研究性学习。教学过程，重视赏识、激励、启发、引导，让学生进行研究性学习。苏霍姆林斯基说过，研究性学习就是“让学生进行独立的脑力劳动”。

（三）贵在创新。语文教学是一种再创造性的活动，贵在创新。如针对《秋天的怀念》一文的特点，我创作了诗歌《母爱》，创作了戏词《祭母》。把握作者失去至亲的悲痛欲绝的感情基调，高歌一曲，荡气回肠，将教学与情感推向了高潮，让学生在艺术的感染力中潜移默化地接受了人文教育。

（四）生活课堂。把课堂变成了学生体验和演绎人生的舞台，真正做到了语文学习生活化，打造了寓知识教学和人文教育为一体的生活课堂，震撼灵魂！教育的本质意味着：一棵树摇动另一棵树，一朵云推动另一朵云，一个灵魂唤醒另一个灵魂。如果教育未能触及人的灵魂，未能引起人的灵魂深处的变革，那么它就不能成其为教育。

（五）以生为本，回归文本，返璞归真。

《秋天的怀念》教学设计

一、教学目标

（一）工具性：

1.学习品味散文的语言描写。

2.学习细节描写。

（二）人文性：感受伟大的母爱，对学生进行孝道教育。

二、教学重点

学习细节描写。

三、教学难点

感受伟大的母爱，对学生进行孝道教育。

四、教学方法

朗读法、探究法、点拨法、启发法、引导法、表演法、读写结合法。

五、教学课型

现代文阅读教学三板块课型。

六、教学过程

（一）提问导入，引起悬念：母爱是什么？

（二）简介作者。

（三）读：朗读作品，整体感知。

（四）探：研读细节描写，感受伟大的母爱。

（五）写：读写结合，训练迁移。运用细节描写的手法，写一篇歌颂母爱的小故事。（课后作业）

《秋天的怀念》教学课件

P1

母爱是什么？

P2

史铁生简介

（1951—2010）

生于北京，当代作家。曾为插队知青。1972年双腿瘫痪。著有小说《我的遥远的清平湾》，散文《我与地坛》等。

其作品十余次荣获各种文学大奖。曾荣获华语文学传媒大奖2002年度杰出成就奖。

P3

5. 秋天的怀念

史铁生

P4

知识卡片

细节描写

细节描写是指抓住生活中的**细微而又具体**的**典型情节**，加以**生动细致地描绘**。

细节描写**具体渗透**在外貌描写、语言描写、动作描写、心理描写、环境描写里。

细节描写是**刻画人物**最生动、最有表现力的**写作手法**。

P5

双腿瘫痪后，我的脾气变得暴怒无常。望着望着天上北归的雁阵，我会突然把面前的玻璃砸碎；听着听着李谷一甜美的歌声，我会猛地把手边的东西摔向四周的墙壁。母亲就悄悄地**躲**出去，在我看不见的地方偷偷地听着我的动静。当一切恢复沉寂，她又悄悄地进来，**眼边儿红红的**，看着我。“听说北海的花都开了，我推着你去走走。”她总是这么说。母亲喜欢花，可自从我的腿瘫痪后，她侍弄的那些花**都死了**。“不，我不去！”我**狠命地捶打**这两条可恨的腿，**喊着**：“**我可活什么劲儿！**”母亲**扑**过来**抓住**我的手，**忍住哭声**说：“**咱娘儿俩在一块儿，好好儿活，好好儿活……**”

可我却一直都不知道，她的病已经到了那步田地。**后来妹妹告诉我，她常常肝疼得整宿整宿翻来覆去地睡不了觉。**

P6

那天我又独自坐在屋里，看着窗外的树叶“唰唰啦啦”地飘落。母亲进来了，**挡**在窗前：“北海的菊花开了，我推着你去看看吧。”她**憔悴**的脸上现出央求般的神色。“什么时候？”“**你要是愿意，就明天？**”她说。我的回答已经让她喜出望外了。“好吧，就明天。”我说。她高兴得一会儿坐下，一会儿站起：“那就赶紧准备准备。”“哎呀，烦不烦？几步路，有什么好准备的！”她也笑了，坐在我身边，絮絮叨叨地说着：“看完菊花，咱们就去‘仿膳’，你小时候最爱吃那儿的豌豆黄儿。还记得那回我带你去北海吗？你偏说那杨树花是毛毛虫，跑着，一脚踩扁一个……”**她忽然不说了。对于“跑”和“踩”一类的字眼儿，她比我还敏感。**她又悄悄地出去了。

她出去了，就再也没回来。

P7

邻居们把她抬上车时，她还在大口大口地吐着鲜血。我没想到她已经病成那样。看着三轮车远去，也绝没有想到那竟是永远的诀别。

邻居的小伙子背着我去看她的时候，她正艰难地呼吸着，像她那一生艰难的生活。别人告诉我，她**昏迷前的最后一句话是："我那个有病的儿子和我那个还未成年的女儿……"**

又是秋天，妹妹推我去北海看了菊花。黄色的花淡雅，白色的花高洁，紫红色的花热烈而深沉，泼泼洒洒，秋风中正开得烂漫。我懂得母亲没有说完的话。妹妹也懂。我俩在一块儿，要好好儿活……

P8

母爱是什么？

母爱是儿子暴怒无常时，
母亲对儿子的理解与宽容；
母爱是儿子自暴自弃时，
母亲对儿子的心疼与呵护；
母爱是儿子双腿残疾时，
母亲对儿子的体贴与照顾；
母爱是母亲积劳成疾时，
对儿子的牵肠挂肚；
母爱是母亲病入膏肓时，
对儿子的生死相依。
母爱是无私与忘我，
母爱是奉献与牺牲，
母爱是一种高尚的品格和伟大的精神！

P9

思　　考

文章末尾作者使用了**省略号**，说明作者有许多话没有说完。为什么作者不把自己要说的话说完呢？

作者究竟**省略**了什么内容？如果请你替作者把没有说完的话说完整，你将会表达怎样的**心声**？

P10

作者之心声

怀念　悔恨

↓

悲痛　感激

↓

彻悟　坚强

↓

好好儿活

P11

祭　　母

娘啊！……
我肝胆欲裂，
痛彻心扉，
祭告你母亲大人……
可怜你为儿积劳成疾，
四十九载离人寰，
没享人间清闲福，
咱母子别离太匆匆……
恨之恨孩儿不孝母受苦，
恼之恼老天不公母早去，
悲之悲树欲静而风不止，
悔之悔子欲养而亲不待……
只盼今世好好活，
只盼来世报母恩，
只盼母亲九泉之下得安宁！

P12

作　　业

运用细节描写的手法，写一篇歌颂母爱的小故事。

《秋天的怀念》教学实录

时间：2015年5月15日
地点：深圳市罗湖区松泉中学会堂
主题：深圳市“名师课堂”活动
执教：孙春成
原载：《中学语文教学参考》2016年第6期中旬刊（略有改动）

一、问题导入，引起悬念

师：同学们，上课！
生：（全体起立）老师好！
师：同学们好，请坐！
师：什么是“母爱”？
（学生思索，有学生举手）
师：哦，不需要讨论和回答，我们今天学完了史铁生的散文自然就明白了。
师：学习之前，我们先了解一下作者。

二、简介作者，知晓成就

【投影“史铁生简介”】

（1951—2010）生于北京，当代作家。曾为插队知青。1972年双腿瘫痪。著有小说《我的遥远的清平湾》，散文《我与地坛》等。

其作品十余次荣获各种文学大奖。曾荣获华语文学传媒大奖2002年度杰出成就奖。

（强调作者双腿瘫痪时还很年轻以及他的文学成就）

师：作者几岁双腿瘫痪？

生：（齐答）21岁。

师：21岁！这是一个什么年龄？正值花季的年龄，就像一只刚刚羽翼丰满的小鸟，正怀揣梦想，要展翅翱翔的时刻，却突然折翼了。（老师展开双臂做折翼状）可想而知，这对一个年仅21岁的孩子是多大的打击！但史铁生没有被命运打垮，没有向厄运屈服，他坚持文学创作，屡获大奖。今天我们共同学习他的散文佳作《秋天的怀念》。

三、示范朗读，整体感知

师：下面我给同学们范读一遍课文，同学们同步默读。

（配悲伤音乐深情朗读）

师：（读完课文）这篇散文写得好吗？

生：（异口同声）好！

师：对！写得非常成功，非常感人！为什么写得这样好呢？

四、研读细节，感受母爱

师：俗话说，细节决定成败！这篇散文之所以很好，就在于成功地运用了细节描写的手法！

【投影“细节描写”概念】

细节描写是指抓住生活中的细微而又具体的典型情节，加以生动细致的描绘。细节描写具体渗透在外貌描写、语言描写、动作描写、心理描写、环境描写里。细节描写是刻画人物最生动、最有表现力的写作手法。

师：请同学们齐读一遍“细节描写”的概念。

（教师强调“细微而又具体的典型情节”“生动细致的描绘”和“渗透在”其他描写之中）

师：同学们，概念弄清楚了吗？

生：清楚了。

师：这就好办了！请快速默读课文，找出文章里的细节描写，看谁找得快、找得准。比速度，比质量！

（约3分钟过后，有学生举手）

师：好，你说说。

生1：我找到的是“母亲就悄悄地躲出去，在我看不见的地方偷偷地听着我的动静。当一切恢复沉寂，她又悄悄地进来，眼边儿红红的，看着我”。

师：请找出“主词”，找出关键的词语。

生1：“悄悄地躲出去”“偷偷地听着我的动静”“眼边儿红红的”。

师：很好！史铁生暴怒无常，把家里的东西摔坏了，母亲为何不制止儿子，反而“悄悄地躲出去”？透过这个“躲”的细节，你读出了什么？

生1：她不想让孩子看见她。

师：非常棒。继续说，她为何不想让发脾气乱砸东西的孩子看见她？

生1：她不想打扰他，想让孩子好好地发泄一顿。

师：哦！你刚才用了“发泄”这个词，用得特别好！这说明母亲对儿子很怎么样？

生1：说明母亲“理解”儿子。

师：真聪明！再说说。

生1：因为孩子年龄小，需要发泄呀！

师：你太有智慧了！

师：不过，她母亲心疼她家里的家具吗？

生：（全班齐声）心疼！

师：既然如此，那她母亲为何还让自己的孩子尽情地砸东西呢？如果你像作者这样做，你妈妈会是什么态度呢？（老师注视着生1）

生1：肯定会骂我。

师：肯定会阻止你、教育你吧？

生1：（点点头）嗯！

师：那你说说，作者母亲为何一反常态，让儿子尽情地砸东西，自己不阻止、不教育，反而“悄悄地躲出去”，这一个“躲”字背后包含了些什么内容呢？

（学生都在思考）

师：这又说明母亲对儿子很怎么样呢？

师：好，你说。

生2：说明母亲很“包容”她儿子。

师：好极了！你真是一个富有爱心的孩子！“理解”“包容”是不是“爱”？

生：（异口同声）是！

〈**板书**　理解包容〉

师：刚才那位同学还找到了“眼边儿红红的”这一细节描写。谁来说说，你从母亲“眼边儿红红的”这一细节中读出了什么？好，你说！

生3：母亲心疼儿子，呵护儿子！有泪不在儿子面前流，怕刺激到儿子，增加儿子的痛苦。

师：你真是个心理学家啊！这样理解这位母亲！

〈**板书**　心疼呵护〉

师：继续发言，还有谁找到了细节描写？好，你说！

生4：我找到的是“她侍弄的那些花都死了”。他母亲喜欢花，可自从“我”的腿瘫痪后，母亲为了照顾得病的儿子，可以说是牺牲了她的爱好，再也无暇侍弄她那些花了，所以花“都”死了！

师：嗯，有见地。继续说，这说明母亲怎样啊？

生4：说明母亲体贴照顾儿子达到了“无微不至”的地步！

师：精辟！“无微不至”这个成语用得很到位！

〈**板书** 体贴照顾〉

师：刚才这几个同学发言质量很高！好，继续，你说。

生5：我找到的是“我狠命地捶打这两条可恨的腿，喊着，‘我可活什么劲儿！’母亲扑过来抓住我的手，忍住哭声说：‘咱娘儿俩在一块儿，好好儿活，好好儿活……’”

师：说说关键词语。

生5：“狠命地捶打”“我可活什么劲儿！”。

师：这说明作者想怎么啦？

生5：说明作者不想活了！

师：对！儿子都不想活了，要寻短见，做母亲的会怎么样呢？对！那还不上火着急？

师：“扑”“抓”“哭”这几个动词说明什么？

生5：说明母亲心疼儿子，怕儿子寻短见！

师：母亲疼爱儿子的心情跃然纸上，真心可鉴啊！

师：母亲这句话“咱娘儿俩在一块儿，好好儿活，好好儿活……”表达什么意思？

生5：母亲在安慰和鼓励儿子！

师：对！母亲“心疼儿子”“安慰儿子”“鼓励儿子”，是不是母爱的具体表现？当然是了！

〈**板书** 安慰鼓励〉

师：这个同学很聪明！继续找细节描写。好，你说。

生6：我找到的是“可我却一直都不知道，她的病已经到了那步田地”。这说明母亲一直隐瞒自己的病情。

师：母亲为什么要一直隐瞒自己的病情？这说明母亲很怎么样呢？

生6：母亲怕儿子知道自己病得厉害，会更加痛苦。说明母亲很爱儿子。

师：母亲完全不顾个人的安危，却对儿子牵肠——

生：（齐）挂肚！

师：你能不能说说母亲这种表现体现了母亲什么品质呢？

生6：母亲很无私！

师：对啊！无私是不是爱？

生：（异口同声）是！

〈**板书**　牵肠挂肚，无私奉献〉

师：还有谁发言？

生7：我找到的是“母亲进来了，挡在窗前”。这里的“挡”字。

师：客观上，母亲挡住了什么？

生7：挡住了窗外凄凉的景色。

师：母亲为什么要这样做？要挡住窗外凄凉的景色？

生7：母亲怕儿子触景伤怀，心情更加不好。

师：实际上母亲挡住了儿子的绝望，给儿子留下了——

生：（齐声）希望！

师：这个细节描写说明了母亲是在用心呵护儿子呀！呵护是不是爱？

生：（齐声）是！

师：继续发言。好，你说。

生8：我找到的是“她憔悴的脸上现出央求般的神色”。“憔悴”说明母亲照料儿子已经积劳成疾。

师：“积劳成疾”说得太精辟了！你很有想象力。

〈**板书**　积劳成疾〉

生9：我找到的是“她昏迷前的最后一句话是：‘我那个有病的儿子和我那个还未成年的女儿……’”

师：昏迷前的最后一句话相当于什么？

生9：遗言。

师：遗言！也就是他母亲活了一辈子了，最后说的一句话。这句话当然重要了！你给大家读读这句话。

师：他母亲都“昏迷”得快要离开人世了，这时候所说的话还能像你读得这样字正腔圆、铿锵有力吗？

（其他学生发笑）

师：那你说会是怎样的情境呢？应该怎样读呢？

生9：声音小。

师：声音小到什么程度呢？

生9：小到几乎听不见。

师：那语速是快还是慢？

生9：慢。

师：慢到什么程度呢？

生9：越慢越好，断断续续。

师：好，按照你的理解，你再读一遍。

师：（指着离朗读这个学生距离最远的那个同学）他刚才读的什么你听到了吗？

生10：听到了。

师：（注视着生9）失败了！再来一次。

师：这次读得好多了！不错！母亲在自己积劳成疾、病入膏肓、生命垂危、泥菩萨过河自身难保之时，还对儿子牵肠挂肚、生死相依！这说明什么？说明母亲爱儿子，达到了忘我的境界！

〈**板书**　病入膏肓，生死相依〉

师：继续发言，还有没有找到细节描写？

（学生面面相觑，似乎没有了）

师：好吧，那老师还找了一处。"你要是愿意，就明天？"这句话为何不用句号而用问号呢？

生11：用问号说明母亲很民主，在征求儿子的意见。

师：遇事不专断，而是征求儿子的意见，这又说明什么？

生11：说明母亲尊重儿子！

师："尊重"是不是爱？

生11：是。

〈**板书**　尊重有加〉

五、以诗作结，深化理解

师：我们再回头思考课前老师提出的问题：母爱是什么？〈**板书**　母爱〉母爱从来就不是什么抽象的概念，都是具体的行动和真实的情感！

【投影老师原创诗歌】

母爱是儿子暴怒无常时，
母亲对儿子的理解与宽容；
母爱是儿子自暴自弃时，
母亲对儿子的心疼与呵护；
母爱是儿子双腿残疾时，
母亲对儿子的体贴与照顾；
母爱是母亲积劳成疾时，
对儿子的牵肠挂肚；
母爱是母亲病入膏肓时，
对儿子的生死相依。

母爱是无私与忘我，
母爱是奉献与牺牲，
母爱是一种高尚的品格和伟大的精神！

师：请同学们齐读一遍这首诗歌。

〈**板书** 高尚的品格 伟大的精神〉

（这首诗的内容，和细节描写探究的每一个环节都丝丝相扣，前后照应。读完，教师再次激情朗诵，将教学再次推向新的高潮）

六、质疑探究，升华主旨

师：作者在文章结尾写道："我懂得母亲没有说完的话。妹妹也懂。我俩在一块儿，要好好儿活……"文章末尾作者使用了省略号，说明作者有许多话没有说完，为什么作者不把自己要说的话说完呢？作者究竟省略了什么内容？

师：为什么作者不把自己的话说完呢？这个问题很简单啊，就是因为作者想说的话太多了啊，实在是说不完啊，所以只能够用点、点、点、点、点、点，把它省略了啊！文章至此，戛然而止，就给我们读者留下了广阔的想象空间。

师：那作者究竟省略了什么内容？文章的标题是《秋天的怀念》，那首先作者表达了对母亲的"怀念"之情。越怀念就越如何？

生："惭愧""悔恨"。

师：对。那越感到惭愧、悔恨就越怎么样？

生：越"悲伤"、越"痛苦"！

师：然后呢？

生：越"感激"母亲！

师：最后作者活明白了吗？

生：活明白了。要"好好儿活"，要"坚强"！

师：谁能替作者把没有说完的话说完整，尽量表达完整作者的心声？

师：我替（作者）写了一首悼词《祭母》，用我们家乡的蒲剧给大家唱一下，大家愿意听吗？

生：（异口同声）愿意！

【老师饱含感情配乐演唱】

娘啊！……
我肝胆欲裂，
痛彻心扉，
祭告你母亲大人……

可怜你为儿积劳成疾，
四十九载离人寰，
没享人间清闲福，
咱母子别离太匆匆……
恨之恨孩儿不孝母受苦，
恼之恼老天不公母早去，
悲之悲树欲静而风不止，
悔之悔子欲养而亲不待……
只盼今世好好活，
只盼来世报母恩，
只盼母亲九泉之下得安宁！

（歌毕，掌声四起，教学已至高潮）

师：谁知道“悲树欲静而风不止，子欲养而亲不待”这句古语的意思？

师：这个同学说得基本正确。树想静下来，风却刮个不止！比喻时间的流逝不以人的意志为转移！在座的同学们一天天地长大，而你们的父母却一天天地在老去。如果你不想留下史铁生的遗憾，就应该趁父母还健在时就好好地孝敬他们！

七、读写结合，巩固所学

师：今天的作业是运用“细节描写”的手法，写一篇歌颂母爱的小故事。

《秋天的怀念》教学板书

5. 秋天的怀念

史铁生

母爱	理解包容 心疼呵护 体贴照顾 安慰鼓励 牵肠挂肚 积劳成疾 尊重有加 病入膏肓 生死相依 无私奉献	高尚的品格 伟大的精神

《秋天的怀念》教学构思

我执教《秋天的怀念》一课的理念是追求原创，返璞归真。所谓追求原创，就是指教学是对原作的一种再创造，教学是教师在对教材深入钻研并个性化解读基础上的一种创作活动。所谓返璞归真，就是指要遵循语文教学的规律进行语文教学。语文是人文学科，贵在追求个性，追求创新。

一、二维设计教学目标

现在，很多老师设计的教学目标都千篇一律为知识与能力、过程与方法、情感态度与价值观三维目标，错误地将新课程的课程目标作为一堂课的课时目标，很不科学。我认为语文教学目标的设计要二维化，即依据语文学科的性质，从工具性和人文性两方面来制定。也就是，针对每一篇课文，深入挖掘教材，吃透每一篇课文，从工具性（知识教学）和人文性（做人教育）两个视角思考，学生最应该学得什么。《秋天的怀念》一课，从工具性的视角思考，我认为细节描写很精彩，是本课的最大亮点；从人文性的视角思考，我认为感受母爱、传承孝道很重要。所以，我的教学目标就设计为：一、工具性——学习细节描写；二、人文性——感受母爱，传承孝道。同时，这两点，也就是本课教学的重点所在，同学们在研读每一个细节描写的时候自然而然地就会深深地感受到母爱的伟大，一举两得。

二、教学模式读写结合

散文教学应采用"'读、探、写'现代文阅读教学模式"。"读"是基础，以读悟情，以读明理，以读代讲。"探"是核心，以探促思，以探破的，回归生本课堂。"写"是关键，以写促读，读写结合，能力迁移。

研读细节描写，感受伟大母爱是本课的教学重点，所以必须重点教学。在此，我主要采用了以读代讲、以读代析、以读代悟的教学方法。

语文教材的选文大多是经典之作。这些优秀作品的一个标点、一个词语，人物的一个细小动作、一句似乎无关紧要的话，往往都能体现出作者的匠心，蕴藏着深刻的含意。教师可以在这些容易被学生忽略而对表现主题有密切关系的细枝末节处设问质疑，启发学生探微发幽，加深对文章的理解。教学最后，我问学生，作者在文章结尾写道："我懂得母亲没有说完的话。妹妹也懂。我俩在一块儿，要好好儿活……"文章末尾作者使用了省略号，说明作者有许多话没有说完。为什么作者不把自己的话说完呢？作者究竟省略了什么内容？这一问题，引发学生深思。

最后，读写结合，布置作业：运用细节描写的手法，写一篇歌颂母爱的小故事。

三、追求原创教出新意

我认为，要上好一节课，教师必须独立思考，自主备课，追求原创，教出新意，达到“常讲常新堂堂新”的境界。这正符合人文学科的特点。很多地方搞“同课异构异教”，大家觉得有趣，就是因为同一篇课文，不同的老师各有各的思路，各有各的风格，各有各的味道，然后听课的人通过比较就可以获得其中的学问，但前提是每个人的课都是原创的。现在，很多年轻教师，总喜欢从网上下载别人的东西并不加思考地为己所用，这是极其有害的！这种行为固然可以得到一时之便，但长远看来，极不利于钻研教材，获得真知，求得发展。刚就教席的青年老师，必须过三关，才可以胜任语文教学，即教材关、教法关、课标关。这三关里过教材关是最艰难的，但也是最最基础的。六册书过三轮就得坐九年冷板凳，而且没有捷径可走！我一直在“推销”我的一个观点，第一线的老师应当把每一篇课文作为一个课题进行认真研究，研究其重点、难点与亮点，研究适合他的教法、学法与课型，从而大胆地不断尝试，做到精益求精。这才是教师的本分。

教学开始，我则提问导入，引起悬念：母爱是什么？收束教学，我就让学生回头思考课前老师提出的问题：母爱是什么？一方面前后照应，使整堂课浑然一体；更重要的是解释悬念，升华主旨。我创作了一首诗歌，其内容和教学重点的内容“探究细节描写，感受伟大母爱”都是互相照应和环环相扣的。我让学生深情朗诵这首小诗。学生读完，教师再次激情朗诵，将教学推向新的高潮。针对教材特点，我还创作了戏词《祭母》。把握作者失去至亲的悲痛欲绝的感情基调，高歌一曲，荡气回肠，将教学与情感推向了最高潮，让学生在艺术的感染力中潜移默化地接受了人文教育。

四、返璞归真生活课堂

教育的本质意味着：一棵树摇动另一棵树，一朵云推动另一朵云，一个灵魂唤醒另一个灵魂。如果教育未能触及人的灵魂，未能引起人的灵魂深处的变革，那么它就不能成其为教育。我把课堂变成了学生体验和演绎人生的舞台。真正做到了语文学习生活化，打造了寓知识教学和人文教育为一体的生活课堂，接地气，撼灵魂！

课型 五

童话寓言三析法课型

童话寓言三析法课型简介

《丑小鸭》教学设计

《丑小鸭》教学课件

《丑小鸭》教学实录

《丑小鸭》教学板书

《丑小鸭》教学构思

童话寓言三析法课型简介

一、童话寓言三析法课型的概念

童话寓言三析法课型是指我们教学童话寓言类课文时所应该把握的三个环节，即故事简析、语言赏析、寓意解析。

二、童话寓言三析法课型的结构和程序

故事简析→语言赏析→寓意解析。

三、童话寓言三析法课型适应的教学内容

童话、寓言。

四、童话寓言三析法课型所使用的教学方法

讲授法、朗读法、表演法、探究法、启发法、引导法、练习法。

五、童话寓言三析法课型的特点

三析法哪个环节最重要？寓意解析最重要。寓言以假托的故事寄寓蕴意深远的道理，给人以启示。童话是儿童文学的一种。这种作品通过丰富的想象、幻想和夸张来塑造形象，反映生活，对儿童进行思想教育。语言通俗、生动，故事情节往往离奇曲折，引人入胜。童话又往往采用拟人的方法，凡鸟兽虫鱼、花草树木或家具、玩具等都可被赋予生命，注入人的思想感情，使它们人格化。

阅读童话和寓言，要注意领会故事所蕴含的道理。

《丑小鸭》教学设计

一、教学目标

（一）工具性：有感情地朗读课文，理解文意。

（二）励志教育：思考探究，多元解析，感悟寓意，让学生懂得某些做人的道理。

二、教学重点

有感情地朗读课文，理解文意。

三、教学难点

多元解析，感悟寓意。

四、教学方法

朗读法、表演法、启发式、探究式、练习法。

五、教学课型

童话寓言三析法课型。

六、教学过程

（一）谈话导入。话题“欺负”。

（二）逐层朗读，理解文意。三个意义层次——“丑陋出世，遭受欺负，苦尽甘来”。

（三）多元解析，感悟寓意。

（四）布置作业。

《丑小鸭》教学课件

P1

这是个什么动物?

P2

丑小鸭

安徒生

P3

课文提示说："作者笔下的这只丑小鸭，处处受排挤，受嘲笑，受打击。"

请你快速浏览一遍课文，从文中找出丑小鸭"**受排挤、受嘲笑、受打击**"的句子，来**体会一下丑小鸭的感受**。

P4

这时，**猎狗**都扑通扑通地从泥泞里跑过来，灯芯草和芦苇向两边倒去。这对于那只可怜的小鸭说来真是可怕的事情！他把头掉过来，藏在翅膀里。正在这时候，**一只骇人的大猎狗**跑来紧紧地站在他的身边。它的舌头从嘴里伸出很长，眼睛发出丑恶而可怕的光。它把鼻子顶到这小鸭的身上，露出了尖牙齿，可是——扑通！扑通——又跑开了，并没有把他抓走。

"啊，谢谢老天爷！"小鸭**舒了一口气**，"我丑得连猎狗也不咬我了！"

P5

丑小鸭从一出生就遭到许多的嘲笑、歧视、打击和排挤。它是如何面对这些厄运的呢？

我们需要探究一下丑小鸭的心路历程。

P6

1.“这是因为我非常丑陋的缘故！”小鸭想。

——承认现实

2.“你们不了解我。”小鸭说。

——相信自己

3.“我想我还是走到广大的世界里去好。”小鸭说。

——怀揣梦想

4.啊！他再也忘不了这些美丽的鸟儿，这些幸福的鸟儿。

——看到希望

5.“我要飞向他们，飞向这些高贵的鸟儿！”

——追求梦想

6.他看到了自己的倒影。但那不再是一只粗笨的、深灰色的、又丑又令人讨厌的鸭子，而是——一只天鹅！

“当我还是一只丑小鸭的时候，我做梦也没有想到会有这么幸福！”

——梦想成真

P7

从丑小鸭的故事里，
你悟出了什么道理？

P8

丑小鸭处处受嘲笑、受歧视、受打击、受排挤，但它并没有绝望，也没有沉沦，而是始终不屈地奋斗，终于变成了一只美丽而高贵的天鹅。它的命运的彻底改变，皆缘于它心中那一份恒久的**梦想**，它让梦想照亮了现实。**我们无法选择卑微的出身，但我们可以演绎精彩的人生！**

丑小鸭的故事之所以家喻户晓，广为流传，就是因为它给我们传递了正能量。丑小鸭是一个历尽磨难而依然怀抱梦想、坚韧不拔，最后获得成功的正面典型。

《丑小鸭》的故事告诉世人一个**道理：只有怀抱梦想并为之不懈奋斗，才能获得成功！**

P9

理想需要去奋斗！

每一个人都有理想，
只是理想不一样。
理想需要去奋斗，
理想需要去开创。
不要心犹豫，
不要心彷徨，
幸福就在你的身旁！

P10

安徒生是一个穷苦鞋匠的儿子，母亲是一个濒于讨饭境地的、靠为人洗衣过活的寡妇。安徒生小时候不仅经常和饥饿打交道，还处处遭到人们的鄙视，但他却有一个在当时被认为是与他出身不相称的、异想天开的“**梦想**”——他想当一个歌唱家。为此，他在一般俗人的眼中就成了一个天大的笑话。但他却一点也不灰心，他以顽强的毅力，克服了种种困难，最终成为全世界亿万儿童所喜爱的童话作家，被誉为“**现代童话之父**”。他的作品闪耀着人性的光辉，超越了国家、种族与文化，历久弥新，被世界各地的人们反复传诵。

P11

作　业

写一篇作文：《读〈丑小鸭〉有感》

《丑小鸭》教学实录

时间：2014年10月9日
地点：龙城初中报告厅
主题：教研员示范课
执教者：孙春成

【投影】

丑小鸭图片

师：这是个什么动物？

生（几乎齐声）：鸭子。

师：这个鸭子长得好看吗？

生（几乎齐声）：不好看。

师：哪里不好看？

生（几乎齐声）：很大，颜色很灰。

师：是。这只鸭子长得很粗笨，而且灰不溜秋的，很难看。

【投影】

丑小鸭图片（有课题）

师：我们今天共同学习安徒生的童话《丑小鸭》。

〈**板书**　丑小鸭／安徒生〉

【投影】

课文提示说："作者笔下的这只丑小鸭，处处受排挤，受嘲笑，受打击。"

请你快速浏览一遍课文，从文中找出丑小鸭被"受排挤、受嘲笑、受打击"的句子，来体会一下丑小鸭的感受。

师：谁找到了？说说。好，你把你找的给大家朗读一下。

生1："这是头一天的情形。后来一天比一天更糟。大家都要赶走这只可怜的小鸭；连他自己的兄弟姊妹也对他生起气来。他们老是说：'你这个丑妖怪，但愿猫儿把你抓去才好！'于是妈妈也说：'我希望你走远些！'鸭儿们啄他，小鸡们打他，喂鸡鸭的那个女佣人也用脚踢他。"

师：你找的这一部分，说明丑小鸭遭到了什么命运呢？

生1：大家都排挤丑小鸭。

〈板书　排挤〉

师：你从哪里看出大家都排挤丑小鸭呢？

生1：文章直接告诉我们“大家都要赶走这只可怜的小鸭”，那“赶走”还不是“排挤”吗？更可气的是连他的亲人都嫌弃他，他的“兄弟姊妹”，甚至他的“妈妈”。

师：是的，那么“女佣人也用脚踢他”就不足为奇了！丑小鸭受到的排挤太过分了！丑小鸭太可怜了！那你能不能怀着对丑小鸭的同情之心和对排挤丑小鸭的亲人的愤怒，再有感情地读一下这段话呢？

（生1试读）

师：已经读得很有感情了。琢磨琢磨这两句话怎么读才能读出他们对丑小鸭的厌恶之情？——“你这个丑妖怪，但愿猫儿把你抓去才好！”“我希望你走远些！”

生1：重读“这个”“抓去”“走远”就好。

师：说说理由。

生1：“这个”是强调谁是丑妖怪，“抓去”是强调所谓丑妖怪的下场，“走远”还不是“滚远”的意思吗？

师：太棒了！那你再读读这两句话。

师：非常到位，非常好！

师：还有谁找出来了？好，你读读你找的内容。

生2：“‘你真是丑得厉害！’野鸭们说。‘不过只要你不跟我们族里任何人结婚，这对我们倒也没有什么大关系。’——可怜的小东西！他绝没有想到要结婚；他只希望人家准许他躺在芦苇里面，喝点沼泽里的水就够了。”

师：这是野鸭们在怎么丑小鸭呀？

生2：野鸭们嘲笑丑小鸭，挖苦丑小鸭，谩骂丑小鸭。

师：你太有才了，连着几个排比句，分析得入木三分！

〈板书　嘲笑〉

师：还有谁找出来了？好，你读读你找的内容。

生3：“正在这时候，一只骇人的大猎狗跑来紧紧地站在他的身边。它的舌头从嘴里伸出很长，眼睛发出丑恶而可怕的光。它把鼻子顶到这小鸭的身上，露出了尖牙齿，可是——扑通！扑通——又跑开了，并没有把他抓走。‘啊，谢谢老天爷！’小鸭舒了一口气，‘我丑得连猎狗也不咬我了！’”

【投影】

这时，猎狗都扑通扑通地从泥泞里跑过来，灯芯草和芦苇向两边倒去。这对于那只可怜的小鸭说来真是可怕的事情！他把头掉过来，藏在翅膀里。正在这时候，一只骇人的大猎狗跑来紧紧地站在他的身边。它的舌头从嘴里伸出很长，眼睛发出丑恶而可怕的光。它把鼻子顶到这小鸭的身上，露出了尖牙齿，可是——扑通!扑通——又跑开了，并没有把他抓走。

“啊，谢谢老天爷!”小鸭舒了一口气，“我丑得连猎狗也不咬我了!”

师：这段文字很有趣。这一部分，说明丑小鸭遭到了什么命运呢?

生3：丑小鸭遭到了严重的打击。

师：这明明写的是一只骇人的大猎狗没有把他抓走啊!

生3：不对！“我丑得连猎狗也不咬我了！”这对丑小鸭的精神打击还不够严重吗?

师：你真是个天才！竟然悟出了精神打击！我为你点赞!

〈**板书**　打击〉

师：那你给咱们读一读这两句话：“啊，谢谢老天爷!”“我丑得连猎狗也不咬我了!”

（生3试读）

师：“啊，谢谢老天爷!”这句话是丑小鸭虎口脱险、死里逃生、侥幸活命后仍然心有余悸说的一句话，要读出这种复杂的感情，声调应该是高还是低呢?

生：（齐）低。

师：这就对了。

师：“我丑得连猎狗也不咬我了!”这句话是丑小鸭虎口脱险、死里逃生、侥幸活命后“舒了一口气”说的话，本来丑小鸭应该庆幸，但丑小鸭却高兴不起来，而是很怎么?

生4：很自责。

生5：很悲哀。

生6：很恨自己长得丑。

师：对，那要读出这种复杂感情，声调应该是高还是低呢?

生：（齐）高。

师：高到什么程度?

生6：越高越好，声嘶力竭!

师：请你声嘶力竭地读一下这一句。

师：够味儿！非常好!

师：继续，还有谁找出来了？好，你读读你找的内容。

生7：“那只猫儿是这家的绅士，那只母鸡是这家的太太，所以他们一开口就说：‘我们和这世界！’因为他们以为他们就是半个世界，而且还是最好的那一半呢。小鸭觉得自己也可以有不同的看法，但是他的这种态度，母鸡却忍受不了。‘你能够生蛋吗？’她问。‘不能！’‘那么就请你不要发表意见。’于是雄猫说：‘你能拱起背，发出咪咪的叫声和迸出火花吗？’‘不能！’‘那么，当聪明人在讲话的时候，你就没有发表意见的必要！’”

生7：这里母鸡和雄猫分明是在歧视丑小鸭!

师：你找得很对，读得更有情感，读出了母鸡和雄猫那神气十足的味道！读得个性鲜明，你可以当播音员了！

〈**板书**　歧视〉

【投影】

丑小鸭从一出生就遭到许多的嘲笑、歧视、打击和排挤，它是如何面对这些厄运的呢？

我们需要探究一下丑小鸭的心路历程。

师：言为心声。我们要探究丑小鸭的心路历程，最好从他说过的话里来寻找。

【投影】

1．“这是因为我非常丑陋的缘故！”小鸭想。

师：从这句话里你们读出了丑小鸭的什么心理？

生8：觉得自己丑。

生9：承认自己丑。

〈**板书**　承认现实〉

【投影】

2．“你们不了解我。”小鸭说。

师：从这句话里你们读出了丑小鸭的什么心理？

生10：反感母鸡说的话。

生11：丑小鸭压抑很久了，这句话反映了他反抗的心理。

师：是不是从另一个角度看，可以说是丑小鸭很自信啊？

〈**板书**　相信自己〉

【投影】

3．“我想我还是走到广大的世界里去好。”小鸭说。

师：从这句话里你们读出了丑小鸭的什么心理？

生12：向往外面的世界。

生13：思考人生。

生14：不满现实。

师：可不可以说丑小鸭很有梦想呀？

生：（齐）可以。

〈**板书**　怀揣梦想〉

【投影】

4．啊！他再也忘不了这些美丽的鸟儿，这些幸福的鸟儿。

师：从这句话里你们读出了丑小鸭的什么心理？

生15：羡慕美丽。

生16：向往幸福。

生17：热爱生活。

生18：看到希望。

师：真是太精彩了！

〈**板书**　看到希望〉

【投影】

5．“我要飞向他们，飞向这些高贵的鸟儿！”

师：从这句话里你们读出了丑小鸭的什么心理？

生19：向往高贵。

生20：找到同伴，十分兴奋，心向往之。

师：也就是说丑小鸭有一颗追求梦想的心，是吧？

生：（齐）对！

〈**板书**　追求梦想〉

【投影】

6．他看到自己的倒影。但那不再是一只粗笨的、深灰色的、又丑又令人讨厌的鸭子，而是——一只天鹅！

“当我还是一只丑小鸭的时候，我做梦也没有想到会有这么幸福！”

师：从这句话里你们读出了丑小鸭的什么心理？

生21：惊喜。

生22：喜出望外。

生23：惊奇。

生24：自恋。

生25：感慨。

生26：感恩。

生27：梦想成真。

师：你们太有思想了！个个都是精英！

〈**板书**　梦想成真〉

【投影】

从丑小鸭的故事里，你悟出了什么道理？

师：自由讨论，举手发言。

生28：不能被厄运打倒！

生29：男儿当自强。

生30：坚强就会成功。

生31：不论什么时候，人都要有理想。

生32：人的成功不在于你的出身，而在于你的奋斗。

生33：丑并不可怕。

生34：别人说自己丑并不可怕，可怕的是自己自暴自弃，自己小看自己。

生35：丑是可以转化的。

师：你们的发言都很有道理，都很精彩！

【投影】

丑小鸭处处受嘲笑、受歧视、受打击、受排挤，但它并没有绝望，也没有沉沦，而是始终不屈地奋斗，终于变成了一只美丽而高贵的天鹅。它的命运的彻底改变，皆缘于它心中那一份恒久的梦想，它让梦想照亮了现实。我们无法选择卑微的出身，但我们可以演绎精彩的人生！

丑小鸭的故事之所以家喻户晓，广为流传，就是因为它给我们传递了正能量。丑小鸭是一个历尽磨难而依然怀抱梦想、坚韧不拔，最后获得成功的正面典型。

《丑小鸭》的故事告诉世人一个道理：只有怀抱梦想并为之不懈奋斗，才能获得成功！

师：我给你们唱一首歌，歌名叫《理想需要去奋斗》。

【投影】

每一个人都有理想，
只是理想不一样。
理想需要去奋斗，
理想需要去开创。
不要心犹豫，
不要心彷徨，
幸福就在你的身旁！

(满堂掌声)

师：《丑小鸭》这篇童话一般都认为是安徒生的一篇自传，描写他童年和青年时代所遭受的苦难，以及他历经重重苦难后所得到的艺术创作上的成就和精神上的安慰。

【投影】

安徒生是一个穷苦鞋匠的儿子，母亲是一个濒于讨饭境地的、靠为人洗衣过活的寡妇。安徒生小时候不仅经常和饥饿打交道，还处处遭到人们的鄙视，但他却有一个在当时被认为是与他出身不相称的、异想天开的“梦想”——他想当一个歌唱家。为此，他在一般俗人的眼中就成了一个天大的笑话。但他却一点也不灰心，他以顽强的毅力，克服了种种困难，最终成为全世界亿万儿童所喜爱的童话作家，被誉为“现代童话之父”。他的作品闪耀着人性的光辉，超越了国家、种族与文化，历久弥新，被世界各地的人们反复传诵。

〈**板书**　励志典型〉

师：你们现在愿不愿意当个丑小鸭啊？

生：(齐）愿意！

师：这就对了！今天的课后作业是写一篇作文——《读〈丑小鸭〉有感》。

《丑小鸭》教学板书

3. 丑小鸭

安徒生

不幸遭遇 ——→ 嘲笑、歧视、打击、排挤

心路历程：
- 承认现实
- 相信自己
- 怀揣梦想
- 看到希望
- 追求梦想
- 梦想成真

励志典型 ——→ 丑小鸭

《丑小鸭》教学构思

《丑小鸭》是安徒生童话里一篇很经典的作品，是作者的童话传记，是一篇励志而充满正能量的作品。书里写了一只小天鹅在鸭群中破壳而出后，因相貌怪异，让同类鄙弃。它历经千辛万苦、重重磨难之后长成了白天鹅。说明了只要你有理想、有追求，并为这目标而努力奋斗，即使身处逆境也不要紧，是金子总会发光的。人生中的挫折和痛苦是不可避免的，我们只能坚强地面对。每个人都会有一份属于自己的梦想，只要他们学会树立生活目标，在自信、拼搏中，他们会真正地认识到自己原来也可以变成“白天鹅”，也可以像丑小鸭一样实现心中的梦想。同时丑小鸭也比喻不被关注的小孩子或年轻人，有时也指刚刚出现、不为人注意的事物。

学生在小学二年级就学过它的简缩本。初中七年级下册也是节选的，但比小学二年级的版本内容要丰富得多。虽然学生在小学已经学过了，但大多数学生还是没搞清楚这篇童话的寓意，所以，很难起到教育作用。最有趣的是，我问学生：愿意不愿意当丑小鸭？学生竟然说：不愿意！所以，教学本文，我有意打乱了童话寓言三析法课型的教学程序——故事简析→语言赏析→寓意解析，把教学侧重点放在了寓意解析上。在这个过程中，糅合语言赏析，最终就不是故事简析了，而是认真而具体地给学生讲明白了这个童话故事。

我的教学构思大致是这样的。先以图片导入课题，然后侧重探究丑小鸭的悲惨遭遇，即丑小鸭所受到的嘲笑、歧视、打击与排挤，让学生找出这些相关的句子或段落，以读代讲，以读代析，以读代悟。这部分侧重品读童话，赏析语言，从而让学生感受到丑小鸭所历经的千辛万苦与重重磨难。紧接着，话锋一转，“丑小鸭是如何面对这些厄运的呢?”自然而然地探究起“丑小鸭的心路历程”——从承认现实到相信自己，从相信自己到怀揣梦想，从怀揣梦想到看到希望，从看到希望到追求梦想，从追求梦想到梦想成真——讲述了一个完美的励志故事。然后寓意解析，阐明了这则童话的教育意义。整个过程可以说对教材的挖掘比较深刻到位。然后，我歌唱了励志歌曲《理想需要去奋斗》，既切题又活跃了气氛，让教学在枯燥的寓意解析之后赋予了艺术的色彩，把教学推向了高潮。最后点题，丑小鸭就是作者的化身，是励志的典型，是值得我们大家学习的榜样。整个教学逻辑紧密，如行云流水，浑然天成。

课型 六

名著导读课型

名著导读课型简介

《骆驼祥子》教学设计

《骆驼祥子》教学课件

《骆驼祥子》教学实录

《骆驼祥子》教学板书

《骆驼祥子》教学构思

名著导读课型简介

一、名著导读课型的概念

名著导读教学设计要诀：名著导读，贵在导读，导出兴趣，读出情感。鸿篇巨制，选材为要，突出主旨，选出精彩，切口要小，窥斑见豹。

名著导读教学设计最难办的就是教学内容的取舍或选择。任何一本经典名著，内容都包罗万象，丰富多彩，而一节课仅有40分钟，应该教什么？这其实就产生了一个新的课题："一堂课"怎样去教"一本书"才是最有效的？这就涉及一个如何取舍或选择教学内容的问题，里面大有学问。我们的原则是：精致选材，突出主旨。所谓精致选材，是指一节课必须在名著里找准一个切入点，精巧细致地选择教学内容，切入点的切口越小越好操作；所谓突出主旨就是指所选的教学内容要围绕一个主旨，是一个有机的整体。

二、名著导读课型的结构和程序

激趣导入→文段呈现与学习欣赏→悬念收尾→写作练习

三、名著导读课型适应的教学内容

各类名著。

四、名著导读课型所使用的教学方法

朗读法、欣赏法、探究法、激趣法、表演法、引导法、启发法、点拨法。

五、名著导读课型的特点

（一）精致选材，突出主旨。

（二）进入情境，导出兴趣。

名著导读教学，贵在一个"导"字，即指导、引导。要指导学生进入作品的情境，引导学生对作品产生浓厚的兴趣，起到抛砖引玉之效。兴趣是最好的老师，名著导读教学关键要落脚到培养学生的阅读兴趣之上。名著导读教学，既贵在一个"导"字，更贵在一个"读"字。要指导学生朗读出人物的思想，朗读出人物的情感，朗读出人物的心理，朗读出人物的态度。

（三）"蒙太奇"是名著导读教学设计的基本方法。"蒙太奇"就是把剪辑的镜头组接起来的手段。如《骆驼祥子》一课，就是把"挣车""买车"和"丢车"三个镜头组接成一个完整的故事，即"祥子买车"。

（四）名著导读课型与长文短教主旨段落教学课型一脉相承。

《骆驼祥子》教学设计

一、教学目标

（一）工具性：

1. 教学“祥子买车”的辛酸故事，激发阅读兴趣。

2. 培养概括能力。

（二）人文性：培养同情心。

二、教学重点

教学“祥子买车”的辛酸故事。

三、教学难点

激发阅读兴趣。

四、教学方法

朗读法、表演法、探究法。

五、教学课型

名著导读课型。

六、教学过程

（一）概括全书内容，整体感知。

（二）视频感知：什么是人力车夫？

（三）教学“祥子买车”——挣车、买车、丢车。

（四）续写。

《骆驼祥子》教学课件

P1

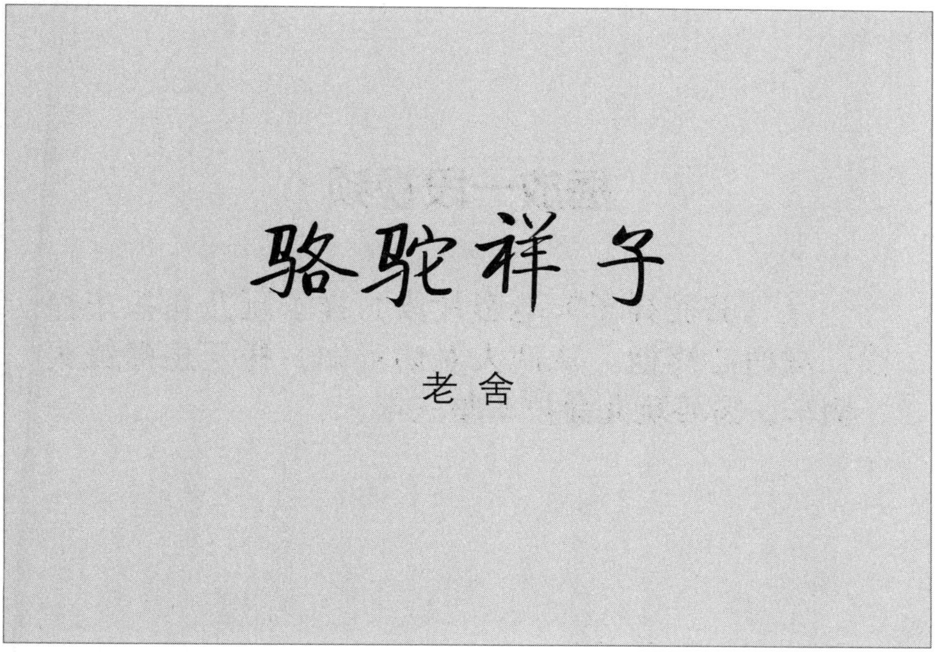

P2

小说讲的是什么故事呢？

旧北京人力车夫的辛酸故事

P3

播放一段视频

（《骆驼祥子》电影片段）祥子玩儿命拉车挣钱，虎妞心疼他。从两人对话可知，祥子想攒钱买一辆车，需要玩儿命拉车整三年。

P4

祥子：虎姑娘，车份儿。

虎妞：嘿——（啧啧）瞧你这汗褟儿，都拧出水儿来了！来碗茶吧？

祥子：哎——

虎妞：呵——瞧瞧……

祥子：今儿买卖不赖，车没闲着！

虎妞：车没闲着，可人受得了吗?！嗯！（递水喝）

祥子：哎——

虎妞：你要是这么玩儿命，吐了血可是你自个儿的事儿！

祥子：不玩儿命？几儿才能买上车啊！

虎妞：你呀，买车也得悠停着点儿啊！当你是铁打的啊?！

祥子：就这么着，还得两年呢！

P5

挣　车

祥子的衣服早已湿透，全身没有一点干松地方；隔着草帽，他的头发已经全湿。地上的水过了脚面，已经很难迈步；上面的雨直砸着他的头与背，横扫着他的脸，裹着他的裆。他不能抬头，不能睁眼，不能呼吸，不能迈步……他要把车放下，但是不知放在哪里好。想跑，水裹住他的腿。他就那么半死半活的，低着头一步一步的往前曳。坐车的仿佛死在了车上，一声不出的任着车夫在水里**挣命**。

雨小了些，**祥子微微直了直脊背，吐出一口气：“先生，避避再走吧！”**

“快走！你把我扔在这儿算怎么回事？”坐车的跺着脚喊。

——节选自第十八章

病了，他舍不得钱去买药，自己硬挺着；结果，病越来越重，不但得买药，而且得一气儿休息好几天。这些个困难，使他更咬牙努力，可是**买车**的钱数一点不因此而加快的凑足。

整整三年，他凑足了一百块钱！

——节选自第一章

P6

买　车

祥子的手哆嗦得更厉害了，揣起保单，拉起车，**几乎要哭出来。拉到个僻静地方，细细端详自己的车，在漆板上试着照照自己的脸！越看越可爱**，就是那不尽合自己的理想的地方也都可以原谅了，因为已经是自己的车了。……他坐在了水簸箕的新脚垫儿上，看着车把上的发亮的黄铜喇叭。他忽然想起来，今年是**二十二岁**。因为父母死得早，他忘了生日是在哪一天。自从到城里来，他没过一次生日。好吧，**今天买上了新车，就算是生日吧**，人的也是车的，好记，而且车既是自己的心血，简直没什么不可以把人与车算在一块的地方。

——节选自第一章

P7

丢　车

还没拉到便道上，祥子和光头的矮子连车带人都被十来个兵捉去了！……

他的车，几年的血汗挣出来的那辆车，没了！自从一拉到营盘里就不见了！以前的一切辛苦困难都可一眨眼忘掉，可是他忘不了这辆车！

吃苦，他不怕；可是再弄上一辆车不是随便一说就行的事；至少还得几年的工夫！过去的成功全算白饶，他得重打鼓另开张打头儿来！**祥子落了泪！他不但恨那些兵，而且恨世上的一切了。“凭什么把人欺侮到这个地步呢？凭什么？凭什么？”他喊了出来。**

——节选自第二章

P8

22岁的祥子，父母双亡，来到北平，当人力车夫，挣命攒钱，整整三年，才凑足一百块钱，买了辆新车，不久竟被宪兵抢走，理想横遭破灭。**真是乐极生悲，万念俱灰！**

发挥想象，续写《丢车之后》

P9

同学们：

你们想知道为什么祥子叫“骆驼祥子”吗？

你们想知道“祥子的爱情和婚姻”吗？

你们想知道祥子的命运吗？

你们还想知道小说里其他人物的故事吗？

请你们阅读《骆驼祥子》吧！

《骆驼祥子》教学实录

时间：2015年12月3日
地点：横岗中学会堂
主题：教研员示范课
执教者：孙春成
原载：《中学语文教学》2016年第6期（略有改动）

师：同学们好！上课。

生：老师好！

师：同学们，今天我给大家上一堂名著导读课——《骆驼祥子》。小说就是讲故事的，课文说《骆驼祥子》讲了“旧北京人力车夫的辛酸故事”。

〈**板书**　旧北京人力车夫的辛酸故事〉

师：什么是“人力车夫”呢？我们看一段由张丰毅和斯琴高娃主演的同名电影视频就明白了。

【播放《骆驼祥子》电影里1分钟视频】

师：刚刚视频内容看明白了吗？老师把视频内容的台词整理出来了，大家看看，我叫两个学生分角色朗读一下：

祥子：虎姑娘，车份儿。
虎妞：嘿——（啧啧）瞧你这汗褟儿，都拧出水儿来了！来碗茶吧？
祥子：哎——
虎妞：呵——瞧瞧……
祥子：今儿买卖不赖，车没闲着！
虎妞：车没闲着，可人受得了吗?！嗯！（递水喝）
祥子：哎——
虎妞：你要是这么玩儿命，吐了血可是你自个儿的事儿！
祥子：不玩儿命？几儿才能买上车啊！
虎妞：你呀，买车也得悠停着点儿啊！当你是铁打的啊?！
祥子：就这么着，还得两年呢！

师：从这段对白中大家读到了什么重要信息？

生1：祥子拼命拉车挣钱，想买一辆属于自己的车。

生2：祥子拼命拉车挣钱，需要三年时间的奋斗才能攒足买车的钱。

师：太棒了！说得很好！

【投影小说片段】

祥子的衣服早已湿透，全身没有一点干松地方；隔着草帽，他的头发已经全湿。地上的水过了脚面，已经很难迈步；上面的雨直砸着他的头与背，横扫着他的脸，裹着他的裆。他不能抬头，不能睁眼，不能呼吸，不能迈步……他要把车放下，但是不知放在哪里好。想跑，水裹住他的腿。他就那么半死半活的，低着头一步一步的往前曳。坐车的仿佛死在了车上，一声不出的任着车夫在水里挣命。

雨小了些，祥子微微直了直脊背，吐出一口气："先生，避避再走吧！"

"快走！你把我扔在这儿算怎么回事？"坐车的跺着脚喊。

病了，他舍不得钱去买药，自己硬挺着；结果，病越来越重，不但得买药，而且得一气儿休息好几天。这些个困难，使他更咬牙努力，可是买车的钱数一点不因此而加快的凑足。

整整三年，他凑足了一百块钱！

师：谁来读一读这几段文字？

师：不错！读得很正确，也很流畅。只是感情不够充分。要朗读出人物的思想，朗读出人物的情感，朗读出人物的心理，朗读出人物的态度。

师：谁来读读祥子说的这句话？——"先生，避避再走吧！"

生3：（读得很大声）

师：这句话的本意是什么？

生3：祥子求坐车的歇会儿。

师：这个"求"是怎么个求法？

生3：乞求。

师：既然是乞求，那还能像你刚才读得那样大声，显得理直气壮的样子吗？你再试着读读。（这次学生读得声音压得很低，而且语速也稍微放慢了一点，比较到位。掌声！）

师：这次读得很棒。你看原作是说祥子"吐出一口气"而不是说出一句话呀。拉车是自己的本分，坐车的人肯定想赶路，你却乞求坐车人歇会儿，那肯定理亏，肯定怕挨骂，所以祥子都不敢正常说话，而是"吐出一口气"。

师：谁来读读乘客说的这句话？——"快走！你把我扔在这儿算怎么回事？"

生4：（这个学生初读很平实，但还是跺了两脚）

师：刚才祥子是低声下气，不敢大声说话，而客人则是"跺着脚喊"，盛气凌人，形成鲜明的对比。先探讨一下"跺着脚"，大家想想坐车的会跺几次脚？对，一次，而且这一次就胜过千万次。坐车的把自己的愤怒、反感和抱怨之情都裹挟在这一脚上了，狠狠地跺了一脚。然后我们看坐车的是怎么说话的？对，是“喊”！其实就是“吼”出这句反问的话：“快走！你把我扔在这儿算怎么回事？”

师：带着这样的理解，你再读读看。

生4：（他使劲跺了一下，用力大吼道：“快走！你把我扔在这儿算怎么回事？”果然读出了愤怒。掌声）

师：谁来给这段文字起个小标题？

生5：祥子拼命拉车挣钱。

师：意思对，但不够简洁，谁来用四个字概括一下？

生6：祥子挣钱。

师：已经不错了！谁能更简洁一些，用两个字概括？

生7：挣命。

师：很好。大家看看，把“挣命”改成“挣车”是不是更好啊？

生齐答：是！

〈**板书**　挣车〉

【投影小说片段】

祥子的手哆嗦得更厉害了，揣起保单，拉起车，几乎要哭出来。拉到个僻静地方，细细端详自己的车，在漆板上试着照照自己的脸！越看越可爱，就是那不尽合自己的理想的地方也都可以原谅了，因为已经是自己的车了。……他坐在了水簸箕的新脚垫儿上，看着车把上的发亮的黄铜喇叭。他忽然想起来，今年是二十二岁。因为父母死得早，他忘了生日是在哪一天。自从到城里来，他没过一次生日。好吧，今天买上了新车，就算是生日吧，人的也是车的，好记，而且车既是自己的心血，简直没什么不可以把人与车算在一块的地方。

师：谁来读一读这一段文字？

生7：（读得很好，还很有感情）

师：谁给咱们表演一下——“祥子的手哆嗦得更厉害了，揣起保单，拉起车，几乎要哭出来。拉到个僻静的地方，细细端详自己的车，在漆板上试着照照自己的脸！越看越可爱”。

生8：（只专注于“试着照照自己的脸”，对着“漆板”看来看去，再无所事事）

师：祥子为何“手哆嗦得更厉害了，揣起保单，拉起车，几乎要哭出来”？

生8：祥子很激动。

师：祥子为何要将车“拉到个僻静地方”？

生8：祥子很珍爱自己的车，只怕被谁蹭坏了他的车。

师：祥子“在漆板上试着照照自己的脸！越看越可爱”。是谁可爱？

生8：车可爱！

师：作者明明说祥子“在漆板上试着照照自己的脸！越看越可爱”啊？

生8：祥子这会儿“照照自己的脸”主要目的是在欣赏自己的新车呀！而且，这句话还用了反问！

师：你真是太聪明了！22岁的祥子，父母双亡，来到北平，当人力车夫，挣命攒钱，整整三年，才凑足一百块钱，买了辆新车，用现在时髦的话讲就是，祥子当上“老板”了呀！可以说他的事业、他的人生都到了一个高峰，他怎能不激动？基于这样的理解，你再给大家表演一下好吗？要表演出祥子的“激动”和对车的“珍爱”之情。

生8：（这次表演很成功，他不仅尊重了原作，而且还有自己的发挥和再创作，他一边“细细端详”，还自言自语道：“哇！你看这漆板亮堂得简直是一面镜子，真是太漂亮了，太美了！我可得好好拉它挣一大把钞票啊！”——掌声）

师：谁来给这段文字起个小标题？

生9：买车。

师：很好！

〈**板书**　买车〉

【投影小说片段】

还没拉到便道上，祥子和光头的矮子连车带人都被十来个兵捉去了！……

他的车，几年的血汗挣出来的那辆车，没了！自从一拉到营盘里就不见了！以前的一切辛苦困难都可一眨眼忘掉，可是他忘不了这辆车！

吃苦，他不怕；可是再弄上一辆车不是随便一说就行的事；至少还得几年的工夫！过去的成功全算白饶，他得重打鼓另开张打头儿来！祥子落了泪！他不但恨那些兵，而且恨世上的一切了。“凭什么把人欺侮到这个地步呢？凭什么？凭什么？”他喊了出来。

师：谁来读一读这一段文字？

生10：（读得很流畅，只是缺乏情感）

师：天有不测风云，人有旦夕祸福！祥子辛苦三年，攒钱买车，不料竟被宪兵抢走，理想横遭破灭。真是乐极生悲，万念俱灰！可以说他的事业、他的人生由高峰一下子又跌到了谷底。祥子此时此刻由愤怒到痛苦，由痛苦到绝望，由绝望到无奈，再由无奈化为仇恨——他“恨世上的一切了”。要读出他这复杂的心情，尤其要读出他的仇恨。

师：我给你们示范一下。我用两种读法：一是深沉法。（带着哭腔，声音低沉沙哑，语速较慢，咬狠“欺侮”俩字，最后绝望地瘫坐在地上）二是激情法。（带着哭腔，声音高亢沙哑，语速较快，后一句“凭什么？”读得调子比第一句更高，咬狠“欺侮”俩字，最后绝望地呼天抢地面对黑板捶打墙壁）两种读法，相映成趣，殊途同归。——掌声！

师：你再来一下！

生10：（进步很大）

师：谁来给这段文字起个小标题？

生11：丢车！

师：妙！

〈**板书**　丢车〉

师：你想知道为什么“祥子”叫“骆驼祥子”吗？ 你想知道“祥子的爱情和婚姻”吗？ 你想知道祥子的“命运”吗？ 你还想知道小说里其他人物的故事吗？

学生齐答：想！

师：那就请你阅读《骆驼祥子》吧！

师：今天作业——发挥想象，续写《丢车之后》。

师：今天的课就上到这里。下课！

生：老师，再见！

《骆驼祥子》教学板书

旧北京人力车夫的辛酸故事

祥子 { 挣车 / 买车 / 丢车 }

《骆驼祥子》教学构思

一、精致选材，突出主旨

名著导读《骆驼祥子》，我只讲了祥子“买车”的辛酸故事。整个故事以“车”为线索，摘录了小说里相关的三部分的片段：一是祥子挣命拉车攒钱三年——“挣车”，二是祥子苦尽甘来买到新车——“买车”，三是祥子乐极生悲新车遭抢——“丢车”。然后将这三个片段串联成篇，进行教学，激发学生对祥子的同情和阅读原著的兴趣。可以说“选材”很精致、很集中，主旨很明确、很突出，其切入点与主旨就是“买车”。

二、进入情境，导出兴趣

名著导读教学，贵在一个“导”字，指导学生进入作品的情境，引导学生对作品产生浓厚的兴趣，起到抛砖引玉之效。我是这样导读的：

（一）视频导读

初中生大都对形象的东西感兴趣，尤其是生动的视频节目，名著一般都有拍摄的电影或电视剧，可以为教学所用。恰当适量地播放一点视频片段，无疑会提高学生的阅读和学习兴趣。我教《骆驼祥子》，就从电影里剪辑了一个片段进行“导入”：小说就是讲故事的，课文说《骆驼祥子》讲了“旧北京人力车夫的辛酸故事”。什么是“人力车夫”呢？我们看一段由张丰毅和斯琴高娃主演的同名电影视频就明白了。

（二）情境表演

情境教学法属于愉快教学的一种方法，其寓教学内容于具体形象的情境之中，可以激发学生的情感，引起学生一定的态度体验，有助于学生理解教材，并使学生的心理机能得到有效发展。教学中，老师不失时机地让他们表演一把，可大大激发学生的学习热情和阅读兴趣。我让学生在充分理解人物的内心世界的基础上，尝试角色扮演，感受祥子买到车后的喜悦之情：“祥子的手哆嗦得更厉害了，揣起保单，拉起车，几乎要哭出来。拉到个僻静的地方，细细端详自己的车，在漆板上试着照照自己的脸！越看越可爱。”一个学生上台表演，只专注于“试着照照自己的脸”，对着“漆板”看来看去，再无所事事。我指导这个学生：祥子为何“手哆嗦得更厉害了，揣起保单，拉起车，几乎要哭出来”？学生说：祥子很激动。我又问：祥子为何要将车“拉到个僻静地方”？学生说：祥子很珍爱自己的车，只怕被谁蹭坏了他的车。我又问：祥子“在漆板上试着照照自己的脸！越看越可爱”。是谁可爱？学生说：车可爱！我反问：明明说祥子“在漆板上试着照照自己的脸！越看越可爱”啊？学生说：祥子这会儿“照照自己的脸”主要的目的是在欣赏自己的新车呀！基于这样的理解，我让这个学生再次挑战一下自己刚才的表演，要表演出祥子的“激动”和对车的“珍爱”之情。这次这个学生的表演很成功，他不仅尊重了原作，而且还有自己的发挥和再创作，他一边“细细端详”，还自言自语道：“哇！你看这漆板亮堂得简直是一面镜子，真是太漂亮了，太美了！我可得好好拉它挣一大把钞票啊！”他表演得那样投入，自然博得了全班的掌声，也大大激发了同学们的学习兴趣。

三、走进人物，读出情感

名著导读教学，既贵在一个“导”字，更贵在一个“读”字。要指导学生朗读出人物的思想，朗读出人物的情感，朗读出人物的心理，朗读出人物的态度。

这一段描写了祥子冒雨挣命拉车，实在撑不住了：“祥子的衣服早已湿透，全身没有一点干松地方。隔着草帽，他的头发已经全湿。地上的水过了脚面，已经很难迈步；上面的雨直砸着他的头与背，横扫着他的脸，裹着他的裆。他不能抬头，不能睁眼，不能呼吸，不能迈步……他要把车放下，但是不知放在哪里好。想跑，水裹住他的腿。他就那么半死半活的，低着头一步一步的往前曳。坐车的仿佛死在了车上，一声不出的任着车夫在水里挣命。雨小了些，祥子微微直了直脊背，吐出一口气：‘先生，避避再走吧！’‘快走！你把我扔在这儿算怎么回事？’坐车的跺着脚喊。”

我先让一个学生读祥子的话“先生，避避再走吧！”学生读得声音很大。我问学生：这句话的本意是什么？学生说：祥子求坐车的歇会儿。我又问学生：这个“求”是怎么个求法？学生说：乞求。我又问：既然是乞求，那还能像你刚才读得那样大声，显得理直气壮的样子吗？你再试着读读。这次学生读得声音压得很低，而且语速也稍微放慢了一点，比较到位。我便这样点拨：这次读得很棒。你看原作是说祥子“吐出一口气”而不是说出一句话呀。拉车是自己的本分，坐车的人肯定想赶路，你却乞求坐车人歇会儿，那肯定理亏，肯定怕挨骂，所以祥子都不敢正常说话，而是“吐出一口气”。

我再让一个学生读坐车人的话：“快走！你把我扔在这儿算怎么回事？”这个学生初读很平实，但还是跺了两脚。我指导学生：刚才祥子是低声下气，不敢大声说话，而客人则是“跺着脚喊”，盛气凌人，形成鲜明的对比。先探讨一下“跺着脚”，大家想想坐车的会跺几次脚？对，一次，而且这一次就胜过千万次。坐车的把自己的愤怒、反感和抱怨之情都裹挟在这一脚上了，狠狠地跺了一脚。然后我们看坐车的是怎么说话的？对，是“喊”！其实就是“吼”出这句话：“快走！你把我扔在这儿算怎么回事？”我让这位学生带着这样的理解再读这句话，他使劲跺了一下脚，用力大吼道：“快走！你把我扔在这儿算怎么回事？”果然读出了愤怒。

祥子的新车被宪兵抢走后，“祥子落了泪！他不但恨那些兵，而且恨世上的一切了。‘凭什么把人欺侮到这个地步呢？凭什么？凭什么？’他喊了出来。”我让学生朗读感悟祥子爱车遭抢的心情，学生读得缺乏感情。我这样指导学生：祥子辛苦三年，攒钱买车，不料新买的车竟被宪兵抢走，真是天有不测风云，人有旦夕祸福！祥子此时此刻由愤怒到痛苦，由痛苦到绝望，由绝望到无奈，再由无奈化为仇恨——他“恨世上的一切了”。要读出他这复杂的心情，尤其要读出他的仇恨。两种读法：一是深沉法。带着哭腔，声音低沉沙哑，语速较慢，咬狠“欺侮”俩字，最后绝望地瘫坐在地上。二是激情法。带着哭腔，声音高亢沙哑，语速较快，后一句“凭什么？”读得调子比第一句更高，咬狠“欺侮”俩字，最后绝望地呼天抢地面对黑板捶打墙壁！两种读法，相映成趣，殊途同归。

四、猜读续写，引起悬念

悬念，是通过对剧情做悬而未决和结局难料的安排，以引起观众急欲知其结果的迫切期待心理的一种编剧技巧。悬念也是一种教学艺术。

22岁的祥子，父母双亡，来到北平，当人力车夫，挣命攒钱，整整三年，才凑足一百块钱，买了辆新车，竟被宪兵抢走，理想横遭破灭。真是乐极生悲，万念俱灰！我让学生发挥想象，续写《丢车之后》，大大激发了学生探求祥子命运的欲望和写作热情。学生的续写可谓五花八门，但都富有创造性。有的说祥子另找了一个差事打工去了；有的说祥子买彩票一夜暴富，过上了花天酒地的生活；有的说祥子娶了个富二代成了阔佬；有的说祥子不服输，继续拉车攒钱，努力实现他的老板梦；有的说祥子被宪兵抓去当差，最后逃跑出来参军去了……我顺势引导学生：你想知道为什么“祥子”叫“骆驼祥子”吗？你想知道“祥子的爱情和婚姻”吗？你想知道祥子的“命运”吗？你还想知道小说里其他人物的故事吗？学生齐答：想！那我就投出最后一张幻灯片：请你阅读《骆驼祥子》吧！

（注：原题为《我这样上名著导读课——以〈骆驼祥子〉为例》，刊于《中学语文教学》2016年第6期，略有改动）

课型 七

议论文逐层剖析法课型

议论文逐层剖析法课型简介

《事物的正确答案不止一个》教学设计

《事物的正确答案不止一个》教学课件

《事物的正确答案不止一个》教学实录

《事物的正确答案不止一个》教学板书

《事物的正确答案不止一个》教学构思

议论文逐层剖析法课型简介

一、议论文逐层剖析法课型的概念

中心论点难找的议论文，如何教学？不妨把课文以分论点为单位，切割成若干板块，逐层剖析探究，最终达成共识，此为逐层剖析教学法。

二、议论文逐层剖析法课型的结构和程序

逐层探究分论点→整体把握总论点→全面理清论证思路→读写结合

三、议论文逐层剖析法课型适应的教学内容

议论文。

四、议论文逐层剖析法课型所用的教学方法

探究法、讲授法、讨论法、朗读法、启发法、引导法、读写结合法。

五、议论文逐层剖析法课型的特点

层次清晰，板块鲜明，由分到总，环环相扣，系统性强。

《事物的正确答案不止一个》教学设计

一、教学目标

（一）工具性：

1. 学习把握中心论点的方法。
2. 学习举例论证法。

（二）人文性：让学生明白“任何人都会成为一个富有创造性的人”的道理。

二、教学重点

1. 学习把握中心论点的方法。
2. 学习举例论证法。

三、教学难点

探究“任何人都会成为一个富有创造性的人”的道理。

四、教学方法

讲解法、朗读法、探究法、读写结合法。

五、教学课型

议论文逐层剖析法课型。

六、教学过程

（一）了解议论文常识。

（二）探究本文的中心论点。

（三）学习举例论证，口头作文。

《事物的正确答案不止一个》教学课件

P1

议论文

议论文是以议论为主要表达方式，通过摆事实、讲道理直接表达作者的观点和主张的常用文体。

P2

议论文常识

一、议论文三要素

论点：作者的主张或观点（**中心论点只有一个，其余为分论点**）。

论据：作者用来证明论点的理由和事实。

论证：引用论据来证明论点的过程与方法。

议论文应该**观点明确，论据充分，论证合理。**

二、议论文常见的论证方法

1. 举例论证（事实论证）。
2. 道理论证。

P3

13. 事物的正确答案不止一个

罗迦·费·因格

P4

思　考

本文的**中心论点**是什么？

P5

问题

从下列四种图形中，找出一个性质与其他三个不同的来。

P6

富有创造性的人——不满足于一个答案

对于上面这个问题，你是怎么回答的呢？要是你选择的是B，那就恭喜你答对了。因为图形B是唯一一个仅由直线构成的图形。

不过，也许有人会选择图形C。因为非对称性图形只有C一个，所以会被认为与其他图形不同。确实如此，这也是正确答案。答A也是可以的。因为A是唯一没有角的图形，所以A也是正确答案。那么，D又怎样呢？这是唯一一个由直线与曲线构成的图形，因此D也是正确答案。换句话说，由于看图形的角度不同，四种答案全都正确。

P6

“正确答案只有一个”这种思维模式，在我们头脑中已不知不觉地根深蒂固。事实上，若是某种数学问题的话，说正确答案只有一个是对的。麻烦的是，生活中大部分事物并不像某种数学问题那样。生活中解决问题的方法并非只有一个，而是多种多样。由于情况的变化，原来行之有效的方法，到了现在往往不灵了。正因为如此，如果你认为正确答案只有一个的话，当你找到某个答案以后，就会止步不前。因此，**不满足于一个答案**，不放弃探求，这一点非常重要。

P7

第一部分

观点：富有创造性的人，不满足于一个答案。

论据：

1. 正面例子：事物的正确答案不止一个。

2. 反面例子：“正确答案只有一个”这种思维模式，在我们头脑中已不知不觉地根深蒂固。

P8

富有创造性的人——有赖于创造性的思维

然而，寻求第二种答案，或是解决问题的其他路径和新的方法，**有赖于创造性的思维**。那么，创造性的思维又有哪些必需的要素呢?

有人是这样回答的：“**富有创造性的人总是孜孜不倦地汲取知识，使自己学识渊博**。从古代史到现代技术，从数学到插花，不精通各种知识就一事无成。因为这些知识随时都可能进行组合，形成新的创意。这种情况可能出现在六分钟之后，也可能在六个月之后，六年之后。但当事人坚信它一定会出现。”

P8

对此我完全赞同。知识是形成新创意的素材。但这并不是说，光凭知识就能拥有创造性。发挥创造力的真正关键，在于如何运用知识。**创造性的思维，必须有探求新事物，并为此而活用知识的态度和意识，在此基础上，持之以恒地进行各种尝试。**

这方面的典型代表，首推约翰·古登贝尔克。他将原来毫不相关的两种机械——葡萄压榨机和硬币打制器组合起来，开发出一种新产品。因为葡萄压榨机用来从葡萄中榨出汁，所以它在大面积上均等加力。而硬币打制器的功能则是在金币之类的小平面上打出印花来。有一天，古登贝尔克半开玩笑地自言自语道：“是不是可以在几个硬币打制器上加上葡萄压榨机的压力，使之在纸上打印出印花来呢?”由此发明了印刷机和排版术。

P8

另一个例子是罗兰·布歇内尔。1971年的一天，布歇内尔边看电视边这么想："光看太没意思了。把电视接收器作为试验对象，看它产生什么反应。"此后不久，他就发明了交互式的乒乓球电子游戏，从此开始了游戏机的革命。

P9

第二部分

观点：富有创造性的人，有赖于创造性的思维。

论据：富有创造性的人总是孜孜不倦地汲取知识，使自己学识渊博。创造性的思维，必须有探求新事物，并为此而活用知识的态度和意识，在此基础上，持之以恒地进行各种尝试——**两个例子：**约翰·古登贝尔克和罗兰·布歇内尔。

P10

富有创造性的人——留意自己细小的想法

不过，这种创造性的思维是否任何人都具备呢？是否存在**富有创造力和缺乏创造力的区别**呢？

某心理学专家小组以实际从事创造性工作的人与不从事此类工作的人为对象进行了调查研究，并得出如下结论：“**富于创造力的人，认为自己具有创造力；缺乏创造力的人，不认为自己具有创造力。**”

认为“我不具备创造力”的人当中，有的觉得创造力仅仅是贝多芬、爱因斯坦以及莎士比亚他们的，从而进行自我压制。不言而喻，在创造的宇宙里，贝多芬、爱因斯坦、莎

P10

士比亚是光辉灿烂的明星。然而在大多数情况下，即便是他们，也并非轻而易举就能获得如此非凡的灵感。相反，这种非凡的灵感，往往产生于这样的过程：关注极其普通，甚至一闪念的想法，并对它反复推敲，逐渐充实。

由此看来，区分一个人是否拥有创造力，主要根据之一是，拥有创造力的人**留意自己细小的想法**。即使他们不知道将来会产生怎样的结果，但他们很清楚，小的创意会打开大的突破口，并坚信自己一定能使之变为现实。

P11

第三部分

观点：富有创造性的人，留意自己细小的想法。

论据：

调查研究结论："富于创造力的人，认为自己具有创造力；缺乏创造力的人，不认为自己具有创造力。"拥有创造力的人留意自己细小的想法，例如，贝多芬、爱因斯坦以及莎士比亚这些光辉灿烂的明星。

P12

第四部分

结论：任何人都会成为一个富有创造性的人

任何人都拥有创造力，首先要坚信这一点。关键是要经常保持好奇心，不断积累知识；不满足于一个答案，而去探求新思路，去运用所得的知识；一旦产生小的灵感，相信它的价值，并锲而不舍地把它发展下去。如果能做到这些，你一定**会成为一个富有创造性的人。**

P13

论证思路

中心论点：任何人都会成为一个富有创造性的人。

论证及分论点

第一部分　富有创造性的人，不满足于一个答案。

论据：

1. 正面例子：事物的正确答案不止一个。

2. 反面例子：“正确答案只有一个”这种思维模式，在我们头脑中已不知不觉地根深蒂固。

第二部分　富有创造性的人，有赖于创造性的思维。

论据：富有创造性的人总是孜孜不倦地汲取知识，使自己学识渊博。创造性的思维，必须有探求新事物，并为此而活用知识的态度和意识，在此基础上，持之以恒地进行各种尝试——**两个例子：**约翰·古登贝尔克和罗兰·布歇内尔。

P13

第三部分　富有创造性的人，留意自己细小的想法。

论据：

调查研究结论：“富于创造力的人，认为自己具有创造力；缺乏创造力的人，不认为自己具有创造力。”拥有创造力的人留意自己细小的想法，**例如**，贝多芬、爱因斯坦以及莎士比亚这些光辉灿烂的明星。

第四部分　结论：任何人都会成为一个富有创造性的人。

P14

作　业

选择下面任意一个观点，运用举例论证，写篇小作文：

1. 小的创意会打开大的突破口。
2. 非凡的灵感来源于好奇心。
3. 解决问题的方法多种多样。

《事物的正确答案不止一个》教学实录

时间：2015年4月16日
地点：龙城初中报告厅
主题：教研员示范课
执教者：孙春成

师：同学们，我们今天要学习一种新的文体，就是“议论文”。我们先了解一下有关议论文的常识。

师：（幻灯片）议论文是以议论为主要表达方式，通过摆事实、讲道理直接表达作者的观点和主张的常用文体。

师：（幻灯片）议论文三要素——论点：作者的主张或观点（中心论点只有一个，其余为分论点）；论据：作者用来证明论点的理由和事实；论证：引用论据来证明论点的过程与方法。

〈**板书**　议论文三要素：论点、论据、论证〉

师：（幻灯片）议论文常见的论证方法有两种：1. 举例论证（事实论证）；2. 道理论证。

师：我们今天学习议论文《事物的正确答案不止一个》。

〈**板书**　事物的正确答案不止一个〉

师：请同学们默读课文，思考本文的中心论点是什么。

（学生认真默读约3分钟）

师：好，谁来说说自己的思考，与大家分享？

生1：我认为中心论点是事物的正确答案不止一个。

师：哦，这位同学认为文章的标题是中心论点，一家之言。还有吗？

生2：我认为中心论点是不满足于一个答案。

生3：我认为中心论点是任何人都拥有创造力。

……

师：同学们的回答都有自己的道理，也都很有见地，很好！那究竟本文的中心论点是什么呢？我们先不要轻易地下结论，让我们共同好好探究一番吧！

师：我们先学习下面的文字，看作者表达了什么观点。

【投影】

对于上面这个问题，你是怎么回答的呢？要是你选择的是B，那就恭喜你答对了。因为图形B是唯一一个仅由直线构成的图形。

不过，也许有人会选择图形C。因为非对称性图形只有C一个，所以会被认为与其他图形不同。确实如此，这也是正确答案。答A也是可以的。因为A是唯一没有角的图形，所以A也是正确答案。那么，D又怎样呢？这是唯一一个由直线与曲线构成的图形，因此D也是正确答案。换句话说，由于看图形的角度不同，四种答案全都正确。

“正确答案只有一个”这种思维模式，在我们头脑中已不知不觉地根深蒂固。事实上，若是某种数学问题的话，说正确答案只有一个是对的。麻烦的是，生活中大部分事物并不像某种数学问题那样。生活中解决问题的方法并非只有一个，而是多种多样。由于情况的变化，原来行之有效的方法，到了现在往往不灵了。正因为如此，如果你认为正确答案只有一个的话，当你找到某个答案以后，就会止步不前。因此，不满足于一个答案，不放弃探求，这一点非常重要。

师：谁给咱们朗读一下这段文字？

生4：（读得很正确，也很流畅）

师：这段文字作者告诉了我们一个什么观点？

生5：解决问题的方法多种多样。

生6：不满足于一个答案。

师：哦！两个答案，究竟哪个正确呢？我们分析一下吧。

师：作者举的“四个图形”的例子应该属于正面的例子，这个例子主要告诉人们什么道理呢？

生7：不满足于一个答案。

师：很正确。那作者还说“‘正确答案只有一个’这种思维模式，在我们头脑中已不知不觉地根深蒂固。事实上，若是某种数学问题的话，说正确答案只有一个是对的”。这是什么意思？

生8：这是说“正确答案只有一个”这种思维模式是错误的。

师：非常好。这是不是举了一个反面的例子来证明一个道理呀？

生：（几乎齐声）是。

师：那作者举出了正反两方面的例子究竟论证了一个什么观点呢？

生9：事物的正确答案不止一个。

师：大家同意这位同学的看法吗？

生：（齐）同意。

师：非常正确。这一部分内容，作者就是运用正反对比举例论证的方法，告诉我们一个颠扑不破的道理——事物的正确答案不止一个。而富有创造性的人，永远不满足于一个答案。

〈**板书**　不满足于一个答案〉

师：我们接着研究下面的内容。

【投影】

然而，寻求第二种答案，或是解决问题的其他路径和新的方法，有赖于创造性的思维。那么，创造性的思维又有哪些必需的要素呢？

有人是这样回答的："富有创造性的人总是孜孜不倦地汲取知识，使自己学识渊博。从古代史到现代技术，从数学到插花，不精通各种知识就一事无成。因为这些知识随时都可能进行组合，形成新的创意。这种情况可能出现在六分钟之后，也可能在六个月之后，六年之后。但当事人坚信它一定会出现。"

对此我完全赞同。知识是形成新创意的素材。但这并不是说，光凭知识就能拥有创造性。发挥创造力的真正关键，在于如何运用知识。创造性的思维，必须有探求新事物，并为此而活用知识的态度和意识，在此基础上，持之以恒地进行各种尝试。

这方面的典型代表，首推约翰·古登贝尔克。他将原来毫不相关的两种机械——葡萄压榨机和硬币打制器组合起来，开发出一种新产品。因为葡萄压榨机用来从葡萄中榨出汁，所以它在大面积上均等加力。而硬币打制器的功能则是在金币之类的小平面上打出印花来。有一天，古登贝尔克半开玩笑地自言自语道："是不是可以在几个硬币打制器上加上葡萄压榨机的压力，使之在纸上打印出印花来呢？"由此发明了印刷机和排版术。

另一个例子是罗兰·布歇内尔。1971年的一天，布歇内尔边看电视边这么想："光看太没意思了。把电视接收器作为试验对象，看它产生什么反应。"此后不久，他就发明了交互式的乒乓球电子游戏，从此开始了游戏机的革命。

师：我范读一下这段课文。

师：这段课文作者告诉了我们一个什么观点？

生10：创造性思维必需的要素。

生11：解决问题有赖于创造性思维。

生12：知识是形成新创意的素材。

师：真是各抒己见，各有思考。

师：大家思考一个问题——作者在这部分一开始谈了创造性思维必需的要素。

然后举了两个例子，一个是约翰·古登贝尔克发明印刷机和排版术，另一个是罗兰·布歇内尔发明了游戏机。这两个例子都说明了一个什么道理呢？

生13：发明需要创造性思维。

生14：创造性人才都具有创造性思维。

师：这两个同学说得都不错，都善于动脑筋。老师给你俩点赞！我们是不是可以这样总结这部分的内容——富有创造性的人，有赖于创造性思维？

生：（齐）可以。

师：作者主要是运用举例论证法论证这个观点的，是吧？

生：（齐）是。

〈**板书**　有赖于创造性的思维〉

师：很好。我们继续学习课文。

【投影】

不过，这种创造性的思维是否任何人都具备呢？是否存在富有创造力和缺乏创造力的区别呢？

某心理学专家小组以实际从事创造性工作的人与不从事此类工作的人为对象进行了调查研究，并得出如下结论："富于创造力的人，认为自己具有创造力；缺乏创造力的人，不认为自己具有创造力。"

认为"我不具备创造力"的人当中，有的觉得创造力仅仅是贝多芬、爱因斯坦以及莎士比亚他们的，从而进行自我压制。不言而喻，在创造的宇宙里，贝多芬、爱因斯坦、莎士比亚是光辉灿烂的明星。然而在大多数情况下，即便是他们，也并非轻而易举就能获得如此非凡的灵感。相反，这种非凡的灵感，往往产生于这样的过程：关注极其普通，甚至一闪念的想法，并对它反复推敲，逐渐充实。

由此看来，区分一个人是否拥有创造力，主要根据之一是，拥有创造力的人留意自己细小的想法。即使他们不知道将来会产生怎样的结果，但他们很清楚，小的创意会打开大的突破口，并坚信自己一定能使之变为现实。

师：谁来朗读一下这一部分？好，读得挺好，正确有劲儿。

师：同学们再仔细默读一下这部分内容，看看作者表达了怎样的观点。最好从课文里找出一句原话。

师：好，这个同学这么快就举手啦，你说。

生15：拥有创造力的人留意自己细小的想法。

师：谁还有不同意见？没有了？大家都同意这个同学的观点？真是英雄所见略同啊！

师：我也同意这位同学的观点。

〈**板书**　留意自己细小的想法〉

【投影】

任何人都拥有创造力，首先要坚信这一点。关键是要经常保持好奇心，不断积累知识；不满足于一个答案，而去探求新思路，去运用所得的知识；一旦产生小的灵感，相信它的价值，并锲而不舍地把它发展下去。如果能做到这些，你一定会成为一个富有创造性的人。

师：大家齐读一下这段话。

（学生齐读）

师：谁说说这段话作者告诉了我们什么道理？

生16：这段话是总结全文，告诉大家任何人都拥有创造力。

师：不错，一家之言。他还指出了这是一个总结全文的段落。谁还有不同观点？

生17：我认为这段话告诉大家任何人都会成为一个富有创造性的人。

师：这两个同学的观点比较接近，那么，谁说得更准确？

师：我们捋一捋作者的行文思路就不难判断了。

师：作者先论述了一个观点——富有创造性的人，不满足于一个答案。

师：紧接着又论述了一个观点——富有创造性的人，有赖于创造性的思维。

师：然后又论述了一个观点——富有创造性的人，留意自己细小的想法。

师：以上三点可以说都是分论点，都是为了证明总论点服务的，那么，大家看看，中心论点应该是什么呢？

生：（几乎齐答）任何人都会成为一个富有创造性的人。

师：非常正确。

〈**板书**　任何人都会成为一个富有创造性的人〉

师：这是我们第一次接触和学习议论文，更何况这篇议论文本身很深刻，中心论点难确立，大多数老师都认为并教学生文章标题就是中心论点，这对我们的教学挑战性很大。但是，我们今天运用了逐层剖析教学法，把课文以分论点为单位切割成若干板块，逐层剖析探究，最终达成了共识。非常棒！

师：今天的作业——运用举例论证法，写篇小作文。

师：这节课到此结束，同学们下课！

生：（齐）老师再见！

《事物的正确答案不止一个》教学板书

13. 事物的正确答案不止一个

罗迦·费·因格

议论文三要素：论点、论据、论证。

富有创造性的人	不满足于一个答案 有赖于创造性的思维 留意自己细小的想法	任何人都会成为一个富有创造性的人

《事物的正确答案不止一个》教学构思

《事物的正确答案不止一个》这篇议论文的确很深刻，给人的启发也很多，作者的主要论点很难把握。究竟这篇议论文的中心论点是什么？教学参考上的观点也是文章的标题："事物的正确答案不止一个"。我反复阅读教材，仔细体会，有不同见解。我认为"事物的正确答案不止一个"仅仅是作者要论证"任何人都会成为一个富有创造性的人"的总论点里的一个分论点，并非中心论点。那么，怎样才能说服学生呢？我采用了逐层剖析的方法，顺理成章地与学生达成了共识。

我把课文按意义层次分为四个板块与学生逐层剖析探究。前三个板块分别是三个分论点：一是富有创造性的人，不满足于一个答案；二是富有创造性的人，有赖于创造性的思维；三是富有创造性的人，留意自己细小的想法。最后一段则是总结全文的段落，文章中心论点也就包含在此段里面，即"任何人都会成为一个富有创造性的人"。

虽然这种教学方法有牵着学生的思维走之嫌，但也未尝不是一种有益的尝试。

课型 八

猜读续写作文教学课型

猜读续写作文教学课型简介

《扔掉可惜》教学设计

《扔掉可惜》教学课件

《扔掉可惜》教学实录

《扔掉可惜》教学板书

《扔掉可惜》教学构思

《扔掉可惜》（原文）

猜读续写作文教学课型简介

一、猜读续写作文教学课型的概念

顾名思义，猜读续写作文教学课型就是让学生猜测文本的空余情节，予以写作补充完整。

二、猜读续写作文教学课型的结构和程序

展示残缺作品→探究残缺之谜→续写残缺内容。

三、猜读续写作文教学课型适应的教学内容

小说、散文、寓言、童话等。

四、猜读续写作文教学课型所使用的教学方法

朗读法、探究法、启发法、引导法、激励法、写作法。

五、猜读续写作文教学课型的特点

猜读有利于培养学生的思考与创新能力，有利于培养学生的想象力。续写有利于提高学生的写作能力。

《扔掉可惜》教学设计

一、教学目标

（一）工具性：学习续写小说。

（二）人文性：教会学生思考与创新。

二、教学重点

续写小说。

三、教学难点

教会学生思考与创新。

四、教学方法

启发式、探究式、读写结合式。

五、教学课型

猜读续写作文教学课型。

六、教学过程

（一）问题导入。

（二）多维思考，启发引导。

（三）个性解读，创新探究。

（四）读写结合，训练迁移。

《扔掉可惜》教学课件

P1

《一只老鼠之死！》

某日，路边有死鼠一只。八方人等，皆来观之。

问　题

你看到路边这只死老鼠会想到什么呢？

P2

诗人：诗云，“羌笛何需怨杨柳，春风不度玉门关”。啊！它去了，它去了，它去了……

小说家：这只老鼠的生平一定有着不为人知的故事，它一定有着辛酸的过去。

经济学家：从这只老鼠的死，我们可以发现一个严重的问题，那就是我们国家的农业经济还不够发达，粮食产量供应不足，导致死亡事件。

物理学家：从它趴在地上的姿势来看，是完全符合力学原理的。

化学家：其实它也和我们一样，都是碳水化合物的结合。

环保学家：我们不要再屠杀小动物了，我们要注意生态平衡！

P2

考古学家：从它牙齿的结构来分析，我敢肯定它是近代生物！

数学家：从此刻算起，世界上的老鼠数量为N-1只。

哲学家：它死了吗？它没有死。它只是睡着了而已。

高僧：生即是死，死即是生。其实生死都只是虚无的，就好像天上的浮云。

小偷：司徒雷登去了。

警察：很明显，这是一起谋杀。我们要立即成立专案组，以便早日破案。

演员：它的表演是多么逼真，就好像真的死去了一样。

政客：大家要警惕，不要掉以轻心，这是阶级敌人的障眼法。

律师：谁是它的家属？我可以帮你们胜诉。

医生：它好像真的的确端的是死了。

P2

老师：同学们，你们谁能告诉我从这件事上学到了什么？

学生：从这只老鼠的死上，我们学到了很多方面的知识，有文学的、经济学的、物理学的、化学的、环保的……

商人：不要看了，要收费的。

小孩：妈妈，那里为什么那么多人啊？

母亲：不要看！里面是只大灰狼！

P3

扔掉可惜

［日］齐藤肇

我的左手因事故彻底毁掉了。本来早已死心塌地就这么着终此一生了，可是有一次身边传来了这方面的喜讯。

据云：有个医治伤残的最新式医院，可以将身体失掉的某一部分修复如初。于是我便决定试一下。

医院是座洁白而干净的大厦。院长是位有点神经质、面色苍白而瘦削的男子。

“只要把左手进行移植手术，就能修复得完好如初！不过，这要花费好大一笔费用呢！”

“花多少钱都无所谓！拜托了……可是从哪儿弄到这一只手呢？是假肢，还是什么？”

P3

“别担心！当然是用您自己的手啰！‘克隆’这玩意儿您知道吗？”

所谓的“克隆”，是通过细胞增殖手段制造“复制人”的技术。在人的基因中因为含有制造人类的信息，所以如将其培养，理论上，是可以制造出同一个人来的……

“咦？这医院就是制造克隆人的？那就是说，从我这只手的切除部位可以重新长出一只新手出来啰！对吧?!”

“不对。那是不可能的。培养的细胞，需要特殊的条件，并不是把您的整个身体都浸到那种培养液中去。”

“那，该怎么做呢？”

“使用克隆技术，重新制造左手，然后把它进行移植。反正是自己的肉体，所以移植大多是成功的。”

P3

院长用手术刀采了细胞。他一边往一只箱子上贴标签，一边说："好了！制成左手尚需3个月时间。到时候会通知你的，那时请您再来。"

3个月后，手术进行得很顺利，终于成功了。虽然是只多少有点显得白嫩的手，但手的活动自如同前。

"院长，太谢谢你了。不愧是最高超的技术啊！"

可是院长却一脸心事重重的样子。

"怎么？有什么问题吗？也许今后会有什么副作用？"

"不，不是因为这个。"

"这不是蛮好吗？这不，左手已经完好如初了嘛！"

"不过，这技术的费用过于巨大了呀！照这样下去，不是谁都能负担得起的呀！"

P3

"唔，原来是为了这个呀！不过，过不了多久，费用会逐渐降低的，不是吗？"

"是啊，要是能减少浪费的话嘛，多少还总算是……"

院长那苍白的脸上，眉宇之间皱起一个"川"字。院长的这番话，勾起了我的好奇心，便刨根问底地询问院长。于是院长终于泄露了秘密。

"是这么回事儿……"

P4

第一则

“其实，医院里的所谓‘克隆’技术只不过是假招牌，那些手术用的肢体，只不过是我从医院里要死去的人的身上割下的。”

“什么?”我大吃一惊，呆望着我那只嫩白的手。

“难道我的手也是……”

“对，一个年轻人的手。您别太害怕，您能重新有手应该感到高兴，我感到可惜的是每次手术完后，我都将剩余的部分尸体扔掉。唉，实在可惜!”

P5

第二则

“您这只手是根据您的细胞克隆的人的身上移植而来的。可是那个失去了手臂的克隆人却没有钱再为他自己克隆一只手臂，而他的其他器官也不适合别人，所以我们医院就没有足够的钱来养活他们。”

这时，一个中年妇女走进了院长办公室，她手里牵着一个又白又嫩的唯唯诺诺的人。她说：“老公，今天就只有这一头?”院长点了点头：“开销太大，越来越少人来了。”再细看那人竟少了一只胳膊，就跟我三个月前一个样，那是我的克隆人。我问院长要把他怎么样，院长一脸的无奈，说：“为了挣点钱，要把他送去做烤肉，总比扔掉好啊!”

P6

第三则

“把克隆出来的好好一个人毁掉，太可惜，倒不如把他养下来，将他的器官再卖给别人。”院长的苍白的眼神转向我，我的心猛地跳动，我完全明白了院长的意思：这个世界上将有一个和我一模一样的人将任人宰割和处置。

“但更麻烦的是……”院长犹豫了一下，接着说。

“是什么?”我迫不及待地问。

“是这样，另一个缺了左手的‘您’在您手术期间逃出去了，他已经到了您家里，您太太一点都不知晓地和他生活了一周了。”

P7

第四则

“我们把您克隆出来后，把左手移植在您身上了，但这么一来，那个克隆人就没有左手了。再为他做手术费用很大，扔掉他又很可惜，所以我们就把他暂时养起来了。”这时，一个熟悉的身影映入我的眼帘，那是我的儿子，不看还好，一看，我差一点晕过去了——因为我的独生子正牵着那个缺了左手的克隆人走过来。

P8

第五则

“您也知道您的手是把克隆人的手移植到您身上的，但现在我们水平仍然有限，只能克隆出一个活生生的人来，并不是单克隆您的左肢，而现在《克隆法》又规定，克隆人享有同本人完全一样的权利，即可以分享您的一切；那么，您就必须再将您的家人也全部克隆出来，让‘他’也组成一个家庭，并且，还要把您的财产的一半分给他。”

P9

第六则

“这克隆技术，用您的体细胞就能把您的整个人克隆出来，而您要的只是一只手，因而，剩下的便扔掉了，真是可惜啊！”

我没说什么，只是也感到可惜，接着便回公司去了。当我到达公司门口时，保安却死活不让我进去，还说我不知是从哪里来的，并叫一帮子人轰我走。这时，我看到一个长得跟我一模一样的人在一个女秘书的陪同下走了出来，那人的左手没了，那女秘书不就是我原来的女秘书吗？难道？……

P10

第七则

“以现在的技术，不能只克隆出您所需要的部分。比如说您需要一只左手，就必须克隆出与您相同的一个人来，只是他暂时没有记忆而已。”

“那么，我的克隆人呢？”我问。院长要护士将另一个“我”带进来，不一会儿，一个和我一模一样的缺一只左手的男子从楼上走了下来，妻子这时也走了进来。

妻子看见他之后，对他说：“你不是做了手术吗？怎么还是少一只手？”

他傻乎乎地拉着妻子的手直直地望着她笑。妻子感到很不好意思。这时，妻子又看见了我，她顿时目瞪口呆，我也目瞪口呆。这简直不可思议，居然有两个一样的男人。妻子明白这是怎么回事了。我问这怎么办呢？她说把克隆人扔掉太可惜。最后，我和他跟着妻子一起回家了。

P11

第八则

“克隆是复制整个人，通过移植手术后，复制人不是缺胳膊就是少腿，不能劳动。而花钱来做克隆人的患者非富即贵，他们的复制品也有同样的权利，样样消费品都是上等的，这都要我们医院提供，花费太大了。”

“为什么您不把他们扔掉？”我问。

“扔掉他？我觉得并不是好办法，因为我自己也是一个复制品。”院长苍白的脸透着我看不懂的神情。院长平静地说：“原来的我也是在一次车祸中失去一双脚的，我就克隆出一个健全的自己来了。”

P11

“那原来的没有腿的您呢?”

“他嘛，留在世上有何用处？我把他杀死后，扔掉了。”我一听，惊出一身冷汗。

院长平静地说：“其实，把您克隆出来后，也不用移植左手了，将原来的您销毁掉，更省事。”

P12

第九则

“我们使用的克隆技术，只能克隆一个完整的人，而不能只克隆某一肢体，所以您这只手是从您的克隆人身上移植过来的。那人还活着，只是像您以前一样，缺只左手，扔掉又可惜，所以，还关在医院的病房里看着。为了延续他的生命，费用再贵也没办法。”

我再三地要求院长带我看我的克隆人。在三楼，我看到了另一个“我”，真的跟我一模一样，只是白嫩一些。他见到我，高兴地朝我跑过来，喊了几声“爸爸”。我正大吃一惊时，他又“哥”呀“弟”呀地叫我，显得很亲热。我不知如何是好时，他突然大声吼道：“还我的手！”就抓住我的左手

P12

又拖又扭，我的左手又被扯下，报废了，扔掉了。后来的事，您也知道了。这个社会上就有了两个一模一样的缺少左手的男人了。我们两个人，妻子一个都不要，我们只好相依为命。

P13

第十则

“根据现有技术是不可能只培养出您的左手的，想尽了办法还是培养出了一个整个儿的您。”

“那其余部分呢?”

“全扔掉了，真可惜！要是把您作了销毁处理就省事多了!”

P14

简　析

以上结尾确实叫我们大开眼界。同学们的思考力、想象力、构思能力、语言表达能力都得到了充分的锻炼和表现。

这些结尾从微型小说理论上讲可大致分为两类。一类在情节的变化上显得很突出。其余的大都在人物关系的处理上有特色：它们先引入新人物，同时引入新的人物关系，如夫妻关系、父子关系，自己与“另一个自己”的关系；有了新的人物关系，就形成新的矛盾冲突，就有了悬念。于是，结尾就大大出人意料了。

P15

思　考

以上十个结尾，有九个是另一个班上的学生写的，而齐滕肇先生原来的结尾就混在里面。请猜一猜，是哪一个呢？

《扔掉可惜》教学实录

时间：2002年12月27日下午5:00—5:40
地点：深圳教育学院附中
学生：初三年级
执教者：孙春成
原载：《中学语文教学》2003年第7期，有改动

【投影】

《一只老鼠之死!》——某日，路边有死鼠一只。八方人等，皆来观之。

〈**板书**　一只老鼠之死〉

师：你看到路边这只死老鼠会想到什么呢?

(学生的回答五花八门)

【投影】

诗人：诗云，“羌笛何需怨杨柳，春风不度玉门关”。啊！它去了，它去了，它去了……

小说家：这只老鼠的生平一定有着不为人知的故事，它一定有着辛酸的过去。

经济学家：从这只老鼠的死，我们可以发现一个严重的问题，那就是我们国家的农业经济还不够发达，粮食产量供应不足，导致死亡事件。

物理学家：从它趴在地上的姿势来看，是完全符合力学原理的。

化学家：其实它也和我们一样，都是碳水化合物的结合。

环保学家：我们不要再屠杀小动物了，我们要注意生态平衡！

考古学家：从它牙齿的结构来分析，我敢肯定它是近代生物！

数学家：从此刻算起，世界上的老鼠数量为N-1只。

哲学家：它死了吗？它没有死。它只是睡着了而已。

高僧：生即是死，死即是生。其实生死都只是虚无的，就好像天上的浮云。

小偷：司徒雷登去了。

警察：很明显，这是一起谋杀。我们要立即成立专案组，以便早日破案。

演员：它的表演是多么逼真，就好像真的死去了一样。

政客：大家要警惕，不要掉以轻心，这是阶级敌人的障眼法。

律师：谁是它的家属？我可以帮你们胜诉。

医生：它好像真的的确端的是死了。

老师：同学们，你们谁能告诉我从这件事上学到了什么？

学生：从这只老鼠的死上，我们学到了很多方面的知识，有文学的、经济学的、物理学的、化学的、环保的……

商人：不要看了，要收费的。

小孩：妈妈，那里为什么那么多人啊？

母亲：不要看！里面是只大灰狼！

师：《一只老鼠之死》的故事给我们什么启发呢？

（学生回答多种多样，但意见比较一致的是：对同一件事情，不同的人有不同的看法）

师：同学们说得非常好。对同一件事情，不同的人有不同的看法。所以，我们就要养成一种思维习惯，凡事都要多角度全方位地思考。

师：同学们，你们冷不冷？

生：（齐答）冷——

师：这样冷的天气大家还愿意听孙老师的课，这真的让我十分感动！唉，我想问同学们一个问题——大家喜欢不喜欢看小说？

生：（齐答）喜欢！（有一两个学生说“不喜欢！”）

师：看来咱们班绝大部分同学都爱看小说，这很好，可以扩大自己的知识面。那么，你们平时都看的是长篇小说、中篇小说，还是短篇小说呢？（学生众说纷纭）

师：那你们爱不爱看微型小说呢？

生：（齐答）爱看！

师：好！我今天给同学们带来了日本作家齐藤肇的一篇微型小说《扔掉可惜》，希望同学们能够喜欢。（马上打开多媒体课件，投影出小说）都能看清楚吧？（同学们齐答“能”）好，我们展开一个阅读竞赛，看我们班谁能够在最短的时间里快速读完这篇小说，读完的同学请举手向我示意。

（在不到40秒的时间有一位学生举手了，孙老师立即表扬了他，称他在第一轮的比赛中荣获冠军！最后在1分钟之内全体学生都读完了小说）

师：咱们班的学生简直是神速啊！竟在如此短的时间里读完了小说，（竖起大拇指）真聪明！那么读完小说之后大家发现什么问题了吗？

生：（齐答）没有写完！

师：好厉害噢！同学们说得完全正确。这篇小说最后说“院长终于泄露了秘密”。那这个“秘密”究竟是怎么回事呢？其实，小说的结尾是老师有意把它删掉了。法国著名学者帕斯卡指出，“人类所有的才能之中与神最相近的就是想象力”。的确，许多科学家往往是靠极其丰富的想象力来发明和创造的。正如伟大的科学家爱因斯坦所说，“想象力比知识更重要，因为知识是有限的，而想象力概括着世界上的一切”。同学们想不想与神靠得近一点？想不想当科学家？

生：（齐答）想！

师：很好！我们的第二轮竞赛就从这里开始吧！现在请同学们在刚才研读的基础上，根据小说的内容、情节，充分展开自己的想象，猜出这个秘密。看谁猜得最快，猜出后同样请举手示意给我。给大家1分钟的时间思考。

（1分钟过去了，没有人猜出来）

师：再加1分钟时间。

（2分钟过去了，仍没人猜出）

师：再加1分钟。

（3分钟刚过，有一个女生猜了出来，孙老师立即给予表扬。随后学生基本上都得出了自己的答案。然后孙老师尽量让每一个学生都把自己猜的结果讲给全班同学听，大家一起交流，资源共享）

生1：院长告诉他所谓的克隆技术其实是块假招牌，那些手术用的肢体，只不过是从医院的死人身上割下的。

生2：院长告诉他克隆技术还不很成熟，克隆人的手是给他了，但无法将克隆人的手医好，而且无法处置克隆人。看来他只有把克隆人带回家养起来了。

生3：院长告诉他，克隆人在手术期间已逃到他家里，但他太太一点都不知道，和克隆人生活在一起快一周了！

生4：院长告诉他《克隆法》规定，克隆人享有同本人一样的权利，可以和他分享一切，比如，把他的财产的一半要分给克隆人，还需把他家的其他人员也克隆出来，与克隆人组成新的家庭。

生5：院长告诉他克隆人费用极高，算下来还不如将他克隆出来后，就不要移植那只左手了，干脆把原来的他毁掉。

……

（学生的答案五花八门，离奇有趣。我根据每一个学生的特点都给予点评、鼓励和称赞。如对于说得较好的两位同学，我这样表扬鼓励他们：“你极富想象力，说得不错！我看你就是那个与神最近的人！”“太伟大了！你的智慧将会使你成为未来的科学家！”我的赞扬既幽默又充满激情，非常富有感召力）

师：（竖起大拇指）咱们班的同学一个比一个棒！太富有想象力了，而且超过了我的想象！总结大家的结尾，可以概括为：新矛盾、新冲突、新悬念、新结尾。我非常佩服大家。

〈**板书**　新矛盾、新冲突、新悬念、新结尾〉

师：我今天给同学们带来了我们班同学的十则猜想，想不想知道？

生：（齐答）想！

师：好！那我就把它展示给同学们。（用投影仪，一则一则地给学生播放。每播放一则，都变换方式地请同学们有感情地朗读，如全班齐读、女生齐读、男生齐读、左边学生齐读、右边学生齐读、前排学生齐读、第二排学生齐读等。完毕，新问题又出来了）

师：小说原来的结尾就混在这十则结尾里面，请同学们猜猜看哪一则是齐藤肇的结尾？但有一个要求就是必须说出理由。这是我们今天的第三次竞赛，看谁猜得准，看谁说的理由最充分！

（一些学生相继发了言，并根据微型小说的特点，说得像模像样，很有道理，甚至有的学生互相之间还展开了争论，老师也一一给予了点评、表扬和鼓励。但学生还是想从老师的口中知道小说原来的结尾究竟是哪一则，老师的回答更让同学们出乎意料）

师：其实这一点已经不很重要了，重要的是同学们的想象力在这个过程中得到了发展！今天的作业就是把自己的猜想写在练习本上。同时，请同学们根据这十则结尾，进行比较归纳，并概括出微型小说结尾的规律性来。（一些学生还是很执着地要知道小说原来的那则结尾，老师就是不告诉他们）

师：大家完全没有必要迷信齐藤肇，他的结尾并不怎么好。其实，这十则结尾里面就根本没有齐藤肇的结尾，都是学生的作品罢了。我敢说：我们班的学生比齐藤肇强，在座的大家比我教的学生更强！好，今天的课我们就上到这里。结束！

孙老师的课虽然结束了，但还是有几个执着的学生恋恋不舍地围在孙老师身边追问作者原来的结尾究竟是哪一个。孙老师皱着眉头，神情俨然真诚而无奈地说道："的确，连我都不知道究竟是哪一个，大家再去好好想一想吧！"一个学生无奈地说："今天最大的收获就是孙老师特别会'骗'人。"

《扔掉可惜》教学板书

扔掉可惜 齐藤肇 **一只老鼠之死** 新矛盾 新冲突 新悬念 新结尾

《扔掉可惜》教学构思

《扔掉可惜》一课的作文教学，就是要教会学生思考和创新。这堂课我朝着“提高学生思考问题的能力、教会学生探究性学习的方法、发展学生的想象力、激发学生写作兴趣”的目标开展教学。所谓开放性，就是课堂要具有人文精神，充分发扬民主和尊重学生个性，营造利于学生创新的最优化的课堂教学环境。为了最大限度地发挥学生的主体性、主动性和创造性，我坚决做到学生应该做的事一定放权于学生，绝不以教师的思维代替学生的思维。在整个教学过程中，我始终十分民主，尽量让学生充分展现自己的观点，而且总是以欣赏的、亲切的态度，千方百计地激励、夸奖学生，并三次把竞赛机制引进课堂，我之所以这样做是因为老师和学生是平等的，所以老师必须毫无条件地发扬民主。老师在学生心目中的威信大多是因民主而产生的，而有威信的老师才有条件推动教学的发展。“好孩子是夸出来的！”你只能用激励、表扬等积极的方式去发掘每一位学生的潜能，使之体验到成功的快感！要对学生有爱心，就像对待自己的孩子一样去欣赏他们！学生成功了，我就快乐了；学生快乐了，我就成功了。竞赛机制的引进其实也是激励的一种方式，这种学生相互之间的激励，比教师的激励更有效！

教学之初，我先通过《一只老鼠之死》的故事给学生进行了发散思维引导，然后便抛出微型小说《扔掉可惜》。这其实就是抛出了一个问题，属于质疑的教学环节，因为学生读完之后都会发现小说没有写完，怎么办？当然顺理成章地过渡到了探究环节，这里掀起了两次高潮：一是让学生想象、探究那个“秘密”；二是让学生猜想原作真正的结尾是哪一个。最后我则布置作业，让学生续写结尾，便是训练环节，既符合读写结合的规律，又是在学生浓烈的兴趣驱使之下的一种自觉的学习行为，教学效果自然可以预见。

有人听了这堂课惊奇地问我：“你为什么硬是不把结果告诉学生？难道你不怕学生失望吗？”我说，恰恰相反，我给予学生的不是失望，而是欲望，是进一步探究的欲望！是无限的想象力！老师应该千方百计地教会学生思考，这比什么都重要、都有价值！学生从此在兴趣的驱使下，在课外获得的知识将更多。正如德国教育家第斯多惠所说：“兴趣就是最好的老师！”长期以来，我们的教学总是以传授知识为目的，学生在课堂上也习惯了接受性的学习方式，久而久之，学生的创造性就会磨蚀殆尽，这是很可悲的！新的《语文课程标准》明确指出“提倡启发式、讨论式教学”，并倡导“探究的学习方式”，强调特别注重学生“探索和研究的过程”。我们的教学就应该最大限度地实现这些目标，最大限度地使学生的智力得到发展，而想象力就是形成智力的核心因素之一。第斯多惠有句名言：“一个坏的教师奉送真理，一个好的教师则教人发现真理。”我们应努力把课堂教学演绎为引导学生发现真理的过程。

扔掉可惜（原文）

［日］齐藤肇

我的左手因事故彻底毁掉了。本来早已死心塌地就这么着终此一生了，可是有一次身边传来了这方面的喜讯。

据云：有个医治伤残的最新式医院，可以将身体失掉的某一部分修复如初。于是我便决定试一下。

医院是座洁白而干净的大厦。院长是位有点神经质、面色苍白而瘦削的男子。

“只要把左手进行移植手术，就能修复得完好如初！不过，这要花费好大一笔费用呢！”

“花多少钱都无所谓！拜托了……可是从哪儿弄到这一只手呢？是假肢，还是什么？”

“别担心！当然是用您自己的手啰！‘克隆’这玩意儿您知道吗？”

所谓的“克隆”，是通过细胞增殖手段制造“复制人”的技术。在人的基因中因为含有制造人类的信息，所以如将其培养，理论上，是可以制造出同一个人来的……

“咦？这医院就是制造克隆人的？那就是说，从我这只手的切除部位可以重新长出一只新手出来啰！对吧?!”

“不对。那是不可能的。培养的细胞，需要特殊的条件，并不是把您的整个身体都浸到那种培养液中去。”

“那，该怎么做呢？”

“使用克隆技术，重新制造左手，然后把它进行移植。反正是自己的肉体，所以移植大多是成功的。”

院长用手术刀采了细胞。他一边往一只箱子上贴标签，一边说：“好了！制成左手尚需3个月时间。到时候会通知你的，那时请您再来。”

3个月后，手术进行得很顺利，终于成功了。虽然是只多少有点显得白嫩的手，但手的活动自如同前。

“院长，太谢谢你了。不愧是最高超的技术啊！”

可是院长却一脸的心事重重的样子。

“怎么，有什么问题吗？也许今后会有什么副作用？”

“不，不是因为这个。”

“这不是蛮好吗？这不，左手已经完好如初了嘛！”

“不过，这技术的费用过于巨大了呀！照这样下去，不是谁都能负担得起的呀！”

“唔，原来是为了这个呀！不过，过不了多久，费用会逐渐降低的，不是吗？”

“是啊，要是能减少浪费的话嘛，多少还总算是……”

院长那苍白的脸上，眉宇之间皱起一个“川”字。院长的这番话，勾起了我的好奇心，便刨根问底地询问院长。于是院长终于泄露了秘密。

“是这么回事儿，根据现在的技术是不可能只培养出您的左手的，想尽了办法还是培养出了一个整个儿的您。”

“那其余部分呢？”

“全扔掉了，真可惜！要是把您作了销毁处理就省事多了！”

课型 九

说明文三学课型

说明文三学课型简介

《苏州园林》教学设计

《苏州园林》教学课件

《苏州园林》教学实录

《苏州园林》教学板书

《苏州园林》教学构思

说明文三学课型简介

一、说明文三学课型的概念

说明文三学课型顾名思义，就是指教学说明文，要从三个方面入手进行教学，即学说明语言、学说明方法、学说明顺序。

二、说明文三学课型的结构和程序

学说明语言→学说明方法→学说明顺序。

三、说明文三学课型适应的教学内容

说明文。

四、说明文三学课型所用的教学方法

朗读法、讲授法、探究法、品析法、读写结合法。

五、说明文三学课型的特点

教学内容与教学板块鲜明具体。课型侧重于学说明语言、学说明方法。学说明语言要注重把握作者善于观察，抓住说明对象的特点，采用准确、严密、平实的语言的说明方式。学说明方法要注重训练迁移，学以致用。

《苏州园林》教学设计

一、教学目标

（一）工具性：

1. 学习说明语言。

2. 学习说明方法。

3. 学习说明顺序。

（二）人文性：激发学生热爱祖国的情怀。

二、教学重点

学习说明语言。

三、教学难点

学习说明方法。

四、教学方法

朗读法、品析法、探究法。

五、教学课型

说明文三学课型。

六、教学过程

（一）探究苏州园林特点，整体感知课文内容。

（二）品析说明文语言准确、周密的特点。

（三）学习四种说明方法。

（四）了解说明顺序。

（五）读写结合，训练迁移。

《苏州园林》教学课件

P1

苏州园林

P2

探究“特点” 整体感知

默读课文，找出作者都说明了苏州园林的哪些特点。

P3

品读课文　学习语言

说说你最喜欢课文哪些语句，理由是什么。

P4

品析语言　学习方法

谈谈学习本课，你都学到了什么说明方法。

P5

作　业

写一篇短文，介绍本校某一景点。

《苏州园林》教学实录

时间：2016年9月30日
地点：龙城初中报告厅
主题：教研员示范课
执教者：孙春成

一、图片导入，激发兴趣

【投影】

播放“苏州园林”的图片。

师：看了这些图片，你们觉得美不美呀？

生：（齐）美！

师：那你们知道这是哪里吗？

生：苏州园林。

师：你们说得很对。苏州园林是世界文化遗产，中国十大风景名胜之一，享有“江南园林甲天下，苏州园林甲江南”之美誉，被誉为“咫尺之内再造乾坤”，是中华园林文化的翘楚和骄傲，是中国园林的杰出代表。你们想不想去游览一番呢？

生：（齐）想！

师：好的，今天我们来共同学习叶圣陶的这篇说明文《苏州园林》，欣赏一番苏州园林的美景吧！

〈**板书**　苏州园林〉

二、探究“特点”，整体感知

师：虽然同学们在课前已经阅读过这篇优美的说明文了，但老师要求大家再认真默读一遍课文，找出作者都介绍了苏州园林的哪些特点，找出来举手示意。好，你说说。

生1：我找出的是——“可是苏州各个园林在不同之中有个共同点，似乎设计者和匠师们一致追求的是：务必使游览者无论站在哪个点上，眼前总是一幅完美的图画”。

〈**板书**　完美图画〉

师：非常好，你一下子就找出了文章的主旨句，这句话总体说明了苏州园林的共同特点。作者还有没有具体介绍苏州园林的特点呢？是什么？好，你说。

生2：有。“我国的建筑，从古代的宫殿到近代的一般住房，绝大部分是对称的，左边怎么样，右边也怎么样。苏州园林可绝不讲究对称，好像故意避免似的。”这句话意思是说苏州园林还有一个最大的特点是不讲究对称。

师：你说得太有道理了。换句话说，是不是可以这样总结概括，苏州园林讲究亭台轩榭的布局？

〈**板书**　亭台轩榭布局〉

生：（齐）是。

师：非常棒！继续。好，你说。

生3：我找的是——“苏州园林里都有假山和池沼。假山的堆叠，可以说是一项艺术而不仅是技术”。还有“至于池沼，大多引用活水”。这些说明的是苏州园林的特点——“假山堆叠，池沼活水”。

师：他的发言是不是很有见地呀？

生：（齐）是。

师：老师为你点赞！是不是可以这样总结概括，苏州园林讲究假山池沼的配合？

〈**板书**　假山池沼配合〉

师：这两个同学的发言都很精彩哦！继续发言。

生4：我找到的是课文的第五段。

师：你给大家朗读一下这段好吗？

（生4朗读）

师：读得很准确，而且很有感情。这一段写了苏州园林的什么特点呢？

生4：苏州园林讲究花草树木的映衬。

师：非常精辟到位！作者先介绍花草树木栽种的良苦用心，既讲究树木的错落有致，又照顾到季节的变化；再介绍花草树木的修剪技巧，取法自然。以“像宝塔那样的松柏”“阅兵式似的道旁树”作比较，以“古老的藤萝”做例子，说明花草树木的栽种与修剪符合中国画的审美观。

〈**板书**　花草树木映衬〉

师：从以上几个同学的发言来看，咱们班的同学太有灵气了！继续寻找。好，你说。

生5：我找的是第六段，特点是“隔而不隔，界而未界”。

师：你说得有道理。你给大家朗读一下这一段。

（生5朗读）

师：其实，这一部分作者写的是苏州园林讲究近景远景的层次。作者巧妙运用花墙和廊子，使苏州园林显得层次多、景致深。景物不是一览无余地展现在游览者面前，而是逐层展露，游览者可以领略到移步换景的乐趣。

〈板书　近景远景层次〉

师：继续。

生6：我找到的是——“苏州园林里的门和窗，图案设计和雕镂琢磨功夫都是工艺美术的上品。大致说来，那些门和窗尽量工细而决不庸俗，即使简朴而别具匠心。四扇，八扇，十二扇，综合起来看，谁都要赞叹这是高度的图案美。摄影家挺喜欢这些门和窗，他们斟酌着光和影，摄成称心满意的照片”。这一段写的是苏州园林讲究门窗的图案美。

师：总结得很到位！

〈板书　门窗图案美〉

师：同学们的发言也很有水平，而且越来越踊跃。好，机会给你。

生7：我找的是文章的倒数第二段，它说明的是苏州园林讲究色彩的搭配。

师：很有见地！

〈板书　色彩搭配〉

师：（指着板书内容）这篇说明文就是从这六大方面给我们介绍了苏州园林这幅完美的图画。可以说，园林如画，画如园林，美不胜收，引人入胜！这里，我们不得不佩服作者高超的洞察力和语言艺术的表现力。苏州有许多园林，各具特点，如何从众多的园林里概括出共同点来，确非易事，但作者硬是从不同中找出相同来。

师：你们学了这篇说明文，有什么感受？

生8：美的享受！

生9：我想去苏州旅游，观赏一下美誉天下的苏州园林。

生10：我们的祖先真伟大！

生11：我们的祖国真美丽，我更热爱祖国了！

师：下面给同学们一点时间，请同学们怀着热爱祖国的心情，大声地、有感情地朗读两遍课文。

三、品读课文，学习语言

师：都读完了？那我们就进入下一个环节，品读课文。说明文的语言特点是能抓住说明对象的特点，准确、周密、平实地说明事物。按照说明文语言的特点，说说你最喜欢课文哪些语句，理由是什么。

生12：我喜欢这一句——“苏州园林据说有一百多处，我到过的不过十多处”。

师：说说理由。

生12：“据说”是留有余地的说法，很有分寸，表明用语准确、严密。

师：说得很好！你说。

生13：我喜欢这一句——“务必使游览者无论站在哪个点上，眼前总是一幅完美的图画”。“务必”“无论”“总是”表明设计者坚定的追求，起强调突出作用，表明用语周密。

生14：我喜欢这一句——“我国的建筑，从古代的宫殿到近代的一般住房，绝大部分是对称的”。“绝大部分”是从范围上作出限制，用语准确严密。

生15：我喜欢这一句——“苏州园林与北京的园林不同，极少使用彩绘”。“极少”则从数量上加以限制，很严密。

生16：我喜欢这一句——“至于池沼，大多引用活水”。“大多”在范围上限制，概括一般现象，不排除个别池沼没有引用活水的情况，体现了说明文语言的准确严密。

生17：我喜欢这一句——“倘若要我说说总的印象，我觉得苏州园林是我国各地园林的标本”。“标本”在这里是典范、样本的意思，突出了苏州园林的价值。

生18：我喜欢这一句——“假山的堆叠，可以说是一项艺术而不仅是技术”。“艺术”是强调个人独创性的活动，其成果能给人以审美愉悦，并且无法被复制；“技术”意味着有固定的程序和手法，其成果是具有实际效用的东西，一般可以大量复制。说明了苏州园林的独创性，不可复制性，体现了它的艺术价值。

生19：我喜欢这一句——“可是墙壁上有砖砌的各式镂空图案，廊子大多是两边无所依傍的，实际是隔而不隔，界而未界，因而更增加了景致的深度”。“隔而不隔，界而未界”的意思是，花墙和廊子将苏州园林的景物分割成了近景和远景，却并没有挡住游客的视线，这样就会使游览者在心理上觉得园林景致虽然繁复，但却很有层次。

师：同学们的发言各有各的精彩，让老师自愧不如。我要拜大家为师咯！

四、品析语言，学习方法

师：说说学了这一课，你们都学到了什么说明方法吧！你说。

生20：课文用了举例子的说明方法。

师：请你举例说说。

生20：例如第二段，以游览者来到苏州园林没有一个不心里想着口头说着“如在图画中”的例子，真切有力地说明苏州园林是一幅完美的图画的特点。还有第五段中，以几条园里的古藤萝为例，生动形象地说明栽种和修剪树木着眼于画意。

〈**板书**　举例子〉

师：真棒！好，你说。

生21：课文还用了作比较的说明方法。比如，在介绍布局的时候，将苏州园林内亭台轩榭的布局跟古代的宫殿和近代的一般住房相比较，突出了苏州园林不讲究对称的特点。再比如，在介绍建筑物的色彩时，又与北京的园林相比较，“与北京的园林不同，极少使用彩绘”，突出苏州园林的色彩美。

〈**板书**　作比较〉

师：极其准确，你举出的两个例子很典型。好，机会给那位同学。

生22：课文还用了打比方的说明方法。在介绍花草树木时说“没有修剪得像宝塔那样的松柏，没有阅兵式似的道旁树”。这里用了打比方、作比较的说明方法，突出苏州园林修剪树木着眼于画意。

〈**板书**　打比方〉

师：不错！还有呢？好，你说。

生23：“池沼分两种：一种宽敞，一种成河道模样”。这是运用了“分类别”的说明方法。

〈**板书**　分类别〉

师：好极了！太棒了！（指着板书内容）本文之所以把苏州园林给我们介绍得如临其境，如诗如画，就是很好地运用了这些说明方法。

五、画龙点睛，学写顺序

师：谁能说说这篇文章作者的说明顺序是什么？

生：（几乎齐答）先总后分。

师：真聪明！

〈**板书**　先总后分〉

六、读写结合，训练迁移

师：今天的课就上到这里，课后作业是——写一篇短文，介绍本校的某一个景点。

师：同学们，下课！

生：（齐）老师再见！

《苏州园林》教学板书

13. 苏州园林

叶圣陶

完美图画

- 亭台轩榭布局、假山池沼配合
- 花草树木映衬、近景远景层次
- 门窗图案美、色彩搭配

举例子、作比较　打比方、分类别

先总 → 后分

《苏州园林》教学构思

《苏州园林》是一篇比较典型的说明文，是名家名作。作品对苏州园林的介绍细致入微，出神入化，引人入胜，充满着艺术气息。这主要是因为作者的说明语言不仅符合说明文准确、周密、平实的特点，更具有深厚的文学色彩。

所以，按照说明文三学课型，我们侧重于学说明语言。这一教学环节我是通过两个环节进行教学的：一是初读课文，探究说明对象的特点。说明文最大的特点是，作者能抓住说明对象的特点进行具体的说明，所以，我在“图片导入”正课后，就紧紧围绕“作者都介绍了苏州园林的哪些特点?”这个问题和学生共同探究。在探究的同时，学生对于作品的内容就有了一个整体的感知了。二是细读课文，品味说明语言，着力于学习说明文语言准确、周密的特点。

紧接着学说明方法。结合课文，我们学习了“举例子”“作比较”“打比方”“分类别”四种说明方法。

关于学说明顺序，这一课的说明顺序比较简单，所以教学中点到为止，不必浪费过多时间。

最后学以致用，读写结合，布置作业，写作练习，训练迁移，转化能力。

整个教学，按照说明文三学课型逐步展开，目标明确，有条不紊，环节鲜明，层次清晰。

课型 十

四环节语文教学艺术课型

四环节语文教学艺术课型简介

《詹天佑》教学设计

《詹天佑》教学课件

《詹天佑》教学实录

《詹天佑》教学板书

《詹天佑》教学构思

四环节语文教学艺术课型简介

一、四环节语文教学艺术课型的概念

四环节语文教学艺术课型是指语文课堂教学过程应该把握开讲的艺术、过渡的艺术、高潮的艺术、结尾的艺术四个环节。所谓四环节语文教学艺术课型，就是指在课堂教学的开头、过渡、高潮和结尾四环节上，要系统设计，艺术处理，优化整合，启思开智。

二、四环节语文教学艺术课型的结构和程序

开讲的艺术→过渡的艺术→高潮的艺术→结尾的艺术。

三、四环节语文教学艺术课型适应的教学内容

基本上适应所有讲读类型的课，也就是此课型具有普遍意义。

四、四环节语文教学艺术课型所使用的教学方法

朗读法、点拨法、启发法、引导法、表演法、探究法、读写结合法、练习法、讨论法。

五、四环节语文教学艺术课型的特点

教学是过程性的，课堂教学则是由一个个的教学环节组合构成的流动的艺术作品。在许多课堂教学的艺术环节中，有一些环节是最基本的教学艺术环节，比如，课堂教学的开头、过渡、高潮和结尾。我们构建四环节语文教学艺术课型的目的，就是要改革陈旧的教学方法，使教学方法上升为教学艺术，营造和谐、愉悦、民主的教学氛围，从而增强学生学习的积极性和主动性，以提高课堂教学效率。将教学过程艺术化，激励学生想学、乐学、爱学，是教学方法的最高境界。我在拙著《立体教学初论》里讲过："我们不仅要以每一篇'教材'为研究对象，而且要把每'一堂课'当作一件完整的艺术作品来看，并加以研究和创作。成功的单位时间里的教学，本身就是一篇完整的艺术品，必须有主笔与陪笔之分，详略之别。详则精雕细刻，略则取其神似，陪笔为主笔服务。"既然我们把一堂课视为完整的艺术作品，那么，一堂课应如何开始，如何承接，如何过渡，如何推进，如何收束，何处设悬念，何处求照应，何处巧穿插，何处做重复，何处甩包袱，何处放投影，何处掀波澜，何处起高潮等，都必须费一番心血，有所构思，有所讲究，独具匠心，达到一种艺术的境界。很多教师经常忽视这一点，只满足于把知识讲清，备课也只备教学内容，从未把一堂课当作一个有机的整体加以科学地规划设计，从来不注重修炼自

己艺术地传授知识的技能，导致课堂教学效果不佳。

（一）开讲的艺术

良好的开头就等于成功了一半。一堂课如果有了一个引人入胜的开头，就会为这堂课获得成功奠定坚实的基础。语文教学开讲的艺术必须遵循两大原则：一是切题，即教学的开头要从属于教学内容，为完成教学任务服务，不能故弄玄虚，为艺术而艺术；二是激趣，即每堂课的开头要能够激起学生对学习内容的兴趣，紧紧地吸引住学生的注意力，唤起学生浓烈的求知欲望，引导学生积极思考、活泼愉快地学习。

语文教学开讲的艺术形式大致有以下十余种：

1. 切题式。即从文章的内容、主题出发开讲。

2. 比较式。即由此及彼，或由彼及此，比较引出教学主旨。

3. 活动式。充分利用特定场合，巧妙安排学生活动开讲。

4. 悬念式。制造悬念，诱发学生的学习兴趣。

5. 抒情式。运用充满激情或哲理的语言感染学生。

6. 故事式。用讲故事的方法激发学生的学习兴趣。

7. 联系式。通过对学生已经学过的与本课相关知识的联系开讲，以引起学生的兴趣。

8. 提问式。提出问题，启迪思维，引起学习的强烈愿望。

9. 配乐式。借助音乐这种特殊的“语言”形式，帮助学生理解课文，并引入作品的意境。

10. 表演式。或唱一首歌，或根据课文内容编排一个节目，设置情景，使学生进入角色。

11. 看图式。一幅美丽的图画，可以给学生一种美的享受，陶冶学生的情感，启迪学生积极思维。

12. 引用式。可以引用与教学内容相关的名言、警句、诗词、成语、对联或典故导入新课，激发学生的兴趣。

13. 演示式。做一个演示，可以使学生获得直观的感性知识，加深对学习对象的印象。

14. 绘画式。以画开讲，可以把学生的思维带入到一个奇妙的世界里，诱发学生们的好奇心，点燃他们求知欲望的火花。

总之，开讲犹如发动机，直接影响着整台机器正常有效的运转。它是一门艺术，更是一种创造。它是挖掘学生求知思维的钻机，是打开学生求知欲大门的金钥匙，更是架起教学目标的认知领域与情感领域的金桥。它既培养了学生的审美情趣，又培养了学生高尚的道德情操，还激发了学生学习科学知识的兴趣。教师只有按照美的规律，不断创造新颖的开讲艺术，持久地拨动学生求知的心弦，才能使开讲艺术这片青翠的绿洲具有旺盛的生命力。开讲的艺术形式多种多样，或渲染一种气氛，或创设一种情境，或高唱一首歌，或竞猜一个谜语，或播放一段乐曲，或表演一个小品，或朗诵一首小诗，或做一个实验等，不一而足。其方法贵在灵活自如，不拘一格，全赖教师的匠心独运，巧妙设计，以期达到拓宽学生思路、陶冶学生审美感受、激发学生兴趣、提高教学效率之目的。

（二）过渡的艺术

每堂课都由一个一个的问题或一层一层的意思编织、连缀而成。由这一问题向另一问题转换，由这层意思向另一层意思发展，中间需要过渡。没有过渡，课堂就会显得散乱断裂，“气血”不畅；有了过渡，课堂才会脉络贯通，气韵流动，浑然天成。

一堂课的教学，无论是从课题到课文，从此段到彼段，从这个环节到那个环节都涉及一个“连”的艺术——过渡。教学过渡是课堂教学中必不可少的中间环节。它不仅是为了教学形式的美观、教学语言的流畅，更重要的是为了学生思维的流畅。常常听到一些老师用“题目的意思讲完了，现在讲第一段”“第一部分就分析到这里，下面我们分析第二部分”之类的话来衔接过渡，有的甚至干脆不用过渡语，结果整堂课的教学显得断断续续，甚至支离破碎。有经验的老师都十分重视“过渡语”的设计。教学中过渡艺术的运用，一般有以下几种类型或方式：

1. 串珠型。在教学中，始终围绕文章的中心线索、中心论点等主线来设计过渡语，串联各教学环节。

2. 悬念型。在教学中，教师指导学生从课文的一个层面向接续的另一个层面推进，也要有合适的过渡语衔接，以求文气贯通，“肌理”相连。

3. 转换型。从一个环节向另一个新的环节过渡，或从一种思路向另一种思路变换时，教师要用适当的过渡语来过渡，使教学得以顺利深入。

4. 抒情式。运用充满激情的语言诱发学生的学习情趣。

5. 描述式。用描写句把学生引入佳境，使学生获得美感，受到濡染。

6. 说明式。以说明性的语言交代不同内容或知识点的意义，使其间有一个逻辑顺序。

7. 评述式。对一篇文章或文中的人物、事件作出评价，激发学生的求知欲望、学习热情。

8. 设问式。设计问题，启迪思维，引起学生阅读下文的强烈愿望。

总之，课堂过渡不仅是各个环节的“黏合剂”，也是教学内容的有机组成部分。它从属于讲授内容，有时肩负着交代教学要求的任务，有时承担着说明知识点的责任，有时履行着表述各层关系的职责。它服务于不同的教学目的，表达方式应该灵活多变，使用的语言应当生动活泼。课堂过渡自然引人是教学艺术的表现。

过渡语是课堂教学环节的“筋节”。它不仅保证课堂教学的前后衔接，转换自如，结构上完整严谨，不留下生硬的跳跃，还起到内容上承上启下、思路上前后贯通、学法上忆旧探新、心理上迁移接续等作用。从一节课的整体来看，它是教学内容与教学思路的优化组合。当然，过渡语的设计也绝非只是上述几种方式可以涵盖的，一定要因人、因文、因课型而异，这样才能起到它应有的作用。

（三）高潮的艺术

一堂课最忌平平淡淡，最好能掀起一两个高潮。所谓教学高潮，是指在教师的引导下，学生的思维或情绪处于高度兴奋的状态之中，求知欲得到最大满足的时刻。

语文课堂教学，教师与学生之间、学生与学生之间的信息交流、思想交流、情感交流，以及学生为完成学习任务而自身进行的各种思维活动，始终不断地进行着。可以说，它是一个动态的过程。

既是流动的，其前后的流势不可能处于同一水平面上：或层层推进，水到渠成；或山环水转，突兀显现，如万里长江，初为涓涓细流，聚而成河，汇而成江，江河蜿蜒，直逼峡口，似夔门激流，波浪汹涌，雷霆万钧……创造性思维的浪花跳跃、奔腾、四溅……

高潮所纷呈的表象特征是不尽相同的。如何把握教学“高潮”呢？

高潮，讲究一个内容的选择。一篇课文，内容本身有详略、主次之分。高潮的设置应该是课文教学的主体部分，是难点、重点、思维点、兴奋点。一句话，是教学的目标、方向。明确方向，层层铺垫，因势利导，全力以赴，直逼高潮。《鸿门宴》一篇，刀光剑影，惊心动魄，选取“樊哙闯帐”一节，借助语言音色，神态表现，动作模拟，讲出其“忠”“勇”“威”“壮”“智”，就能在课堂里掀起层层波澜。

高潮，还讲究一个时间的把握。课堂何时设置高潮？开头处？中间处？结尾处？灵活掌握，合理调控，既要避免过早，亦要排除太晚。《威尼斯》一篇，景色秀丽，风光旖旎。第一课时，讲读释疑，课时尾声，推向高潮——在作者盛赞圣马克教堂建筑艺术的一段文字，创设出一种具体生动、令人痴迷的情境，让学生可感可思、可闻可见，沉浸在无边的美的遐想之中。

高潮，更讲究一个方法的处理。课文内容不同，教学要求相异，高潮的处理方法当然也要有相应的变化，既可从课文的悬念、情感、线索、对比、想象、人物、情景、写法、意义等角度启发并创设高潮，也可以灵活运用角色塑造、情景再现、议论阐述、设问激疑、引入例证甚至思维延展等方法引导和推动高潮的出现。人常说教无定法，高潮的处理，何尝不是如此。

一篇文章没有高潮，如同一个人没有眼睛；一堂语文课没有高潮，如同一个人缺少了灵性。高潮是使课堂教学立体的关键，又是课堂教学一定发展阶段的自然显现。高潮处理是否得当，与整个课堂教学的成功与否息息相关。

（四）结尾的艺术

教学的开头十分重要，人们已产生共识，普遍比较重视和讲究。然而，与开讲相对应的每堂课的收束阶段却常常被一些教师所忽视。这显然是不对的。

俗语说：编筐编篓，重在收口；描龙绘凤，重在点睛。“收口”和“点睛”便是结尾的神圣使命。教学的结尾与开讲一样至关重要，也是一种艺术和创造。一个结束往往标志着一个新的开始。一个完整的教学过程应该有课堂小结。课堂教学小结是教学过程不可缺少的组成部分，它对达成教学目的有重要的作用。一堂课的结尾就如一篇文章的结尾一样，有着卒章显志、画龙点睛、总结升华、诱发兴趣等诸多功效。因此，掌握和运用课堂结尾的艺术十分重要，也十分必要。优秀的教学结尾，是巩固课堂教学内容的最佳时机，是衔接新旧知识 、贯通前后内容的纽带，是从课内到课外、由知识向能力过渡的金桥，是启迪思考、开发智力的良机，能收到余音绕梁，回味无穷之效。

结尾的艺术功能有：① 综合、概括。即把所授知识经过整理归纳、提炼概括形成新概念。这样有利于学生理解、沟通，达到举一反三，实现知识迁移。② 条理、系统。语文教学不像数理化学科教学内容那样集中，它需要教学后及时整理。一堂语文课，阅读分析既要涉及文章的结构特点，又要涉及语言特色，学生的理解停留在阅读分析的过程中，还来不及形成一种系统的、明晰的认识，需要通过小结，使学生头脑中形成系统的认识。“记事者必提其要，纂言者以钩其玄。”（韩愈）按其知识内在规律有机组合排列，形成明晰的条理，也便于学生记忆。③ 巩固、强化。语文教学要讲求效率，而及时回忆是提高教学效率的重要措施。依据教育心理学家的研究，课堂及时回忆要比六小时以后回忆效率高出四倍。知识的再次重复、深化，会加深记忆。④ 提纲、挈领。语文教学小结便于学生把握教学重点，利于学生从复杂的教学内容中简化储存的信息。⑤ 激趣、开智。有激情的小结会使学生在感情上得到启迪、诱发，领会到新感觉、新情趣。课堂小结的主要思维形式是归纳概括，所以课堂教学小结有利于学生抽象思维能力的培养与提高。

语文教学小结可分为三大类：① 单课教学小结。指就一堂课的教学内容进行归纳总结。② 一篇课文教学小结。指一篇课文教学结束时所作的教学小结。③ 单元教学小结。指一个单元教学结束所作的教学小结。

课堂教学小结同其他教学环节一样，需要教学的艺术与科学。具体要求是：① 板书应结构合理、条理清楚、字迹工整、内容精当。也只有这样的板书，才有助于师生在小结时把握教学的重点、难点或知识系统。② 言应简意宜赅。课堂教学小结不是对教学内容的重新讲述，需要用概括性的语言小结教学内容，防止语言的零碎与不系统。③ 方法要灵活多变。语文教学“听说读写”，内容较多，应具体内容具体分析，采取相应的方法。根据教学过程中的实际情况，确定小结的内容和方法，防止因枯燥、呆板而使学生失去参与教学小结的兴趣。④ 情绪和情感仍然是小结的精神支柱。“一次有高度动机的复习可能相当于十次消极的重复。”（索里·特尔福德《教育心理学》）课堂教学小结处于课堂的尾期，学生容易疲劳，而且教学小结与前面的教学环节相比独立性又比较大，所以进行教学小结时，教师一定要通过语言的艺术，使学生保持高涨的学习情绪，积极主动地投入到教学小结中去。

课堂教学小结不是教学过程的简单重复，而是从教学目的出发，对教学重点和难点及时整理回忆。在小结活动中，起主导作用的仍然是教师。教师可以面向全体学生作教学小结，也可以指导学生通过整理听课笔记进行总结，还可以师生共同总结。而小结的最终目的，是培养学生自己概括教学要点、抓住教学本质内容的能力——学生自己对学习内容的总结概括能力。

语文教学结尾的艺术大致有以下几种形式：

1. 归纳式。即从讲述的个别事实出发，经过概括，求得一般结论。学生往往不善于对所学知识进行归纳，这样不利于知识的巩固。因此，一课讲完要引导学生回归到整体上，以理性的高度、准确简练的语言把握课文的思想内容、文章的表现形式及作者的语言风格等，一方面使学生明确知识重点，由分散的感性认识升华到条理的理性认识，另一方面培养学生的概括能力。这种课堂小结钩玄提要，容易在学生头脑中形成完整的知识结构。

2. 迁移式。以练习作结，可以了解学生对知识的掌握、消化情况，及时得到反馈信息，并采取补救措施，学生还可以享受成功的乐趣。

3. 延伸式。即课内知识向课外知识进行延伸，扩大知识面。

4. 激励式。在教学讲清道理的基础上，向学生提出某些请求，或发出某种号召，或进行表扬鼓励。

5. 评述式。对一篇文章或文中的人物、事件作出评价，引起学生的共鸣和求知欲。

6. 解谜式。有些新课既然在导入或教读的过程中，设置了悬念，以激发兴趣，启迪思维，那么结尾就应解开谜底。

7. 悬念式。古典章回小说在每一回结尾总有“要知后事如何，且听下回分解”之类的话，它的作用就是要引起人们读（或听）下去的欲望。语文课的结尾也可以如此处理，引导学生对本课知识作适当的延伸，为学习后面的内容作铺垫。

8. 讨论式。苏联的某研究表明：下课之前的7—10分钟，学生的注意力逐渐趋于衰退。开展适当的活动可调节大脑、减少疲劳，同时强化知识的理解和技能的巩固，可谓一箭双雕。

9. 抒情式。讲述感人的故事、人物、情节之后，运用充满激情的语言对其精神加以引申性的小结。

10. 理序式。将课文结构、众多的事例按其规律、逻辑关系整理组编，形成有序的整体。

11. 结合式。即读写结合。在对讲读课进行小结时，结合学生作文中反映出来的问题，指出学生应从课文中学习的知识与技能。同样，作文小结课也应结合讲读课的内容，这有助于学生读写能力的综合提高。

12. 概括式。把讲授的各个问题的共同点归结在一起，形成新的概念。

13. 承启式。顾名思义，就是承上启下。一堂课或一篇文章的教学小结，可以点出下一堂或下一篇课文内容。也可以从单元教学的要求出发，就篇章和语言特色与同一单元或其他单元已学过的课文进行比较。这样的教学小结，既有助于教学内容的衔接，也有助于学生阅读能力的提高，还有助于提高单元教学的整体效益。

14. 回忆式。用于说明文、记叙文、议论文的篇章结构及语言特色分析课。这种教学小结，重复教学的思路，可以加深学生对教材的理解与记忆，对学生阅读能力及写作技能的提高起到促进作用。

综上所述，语文课堂教学小结，应该从语文教学的任务、目的出发，内容要实，方法要活，不拘一格，可以朗读作结，可以点睛作结，可以开拓作结，可以归纳作结，可以引申作结，可以抒情作结，可以讨论作结，可以悬念作结，可以解谜作结，可以评述作结，可以鼓励作结，可以迁移作结等。这些结语有的如撞钟，清音有余；有的如截奔马，戛然而止；有的含蓄委婉，余韵无穷；有的热情奔放，激烈感人——仿佛给学生注入了一支兴奋剂，使其学习兴趣有增无减。教学结尾的艺术，就像交给学生一条绳子，把零散孤立的知识串联起来，形成网络，使之结构化，以纳入学生的认知体系。教学结尾的艺术，对提高课堂教学效率的作用举足轻重，不可低估，不容忽视。

《詹天佑》教学设计

一、教学目标

（一）工具性目标

1. 学习中部凿井法。

2. 学习“人”字形线路的创新设计。

3. 积累生字生词。

（二）人文性目标

1. 学习詹天佑杰出的科学精神。

2. 学习詹天佑的爱国主义精神。

二、教学重点

1. 学习詹天佑杰出的科学精神。

2. 学习詹天佑的爱国主义精神。

三、教学难点

1. 学习中部凿井法。

2. 学习“人”字形线路的创新设计。

四、教学课型

四环节语文教学艺术课型。

五、教学过程

（一）问题导入，整体感知：詹天佑是我国杰出的爱国工程师。

（二）探究詹天佑的杰出。

1. 学习中部凿井法。

2. 学习“人”字形线路的创新设计。

（三）探究詹天佑的爱国。

1. 临危受命，不辱使命。

2. 不怕困难，不怕嘲笑。

（四）给京张铁路起名字，发展智力，升华主题。

《詹天佑》教学课件

P1

5. 詹天佑

P2

詹天佑是怎样一个人呢?

请速读课文，找出能够概括詹天佑是怎样一个人的一句话。

P3

说一说：从哪里能看出詹天佑非常杰出?

P4

请同学们结合课文，发挥想象，画一画“八达岭山势图”。

P5

说一说：从哪里能看出詹天佑非常爱国？

P6

请你为京张铁路起一个有意义的名字，并说出理由。

《詹天佑》教学实录

时间：2002年5月16日

地点：龙岗区实验学校音乐厅

主题：全国“立体教学第二届研讨会”现场展示课

执教：覃亮

指导教师：孙春成

实录整理：孙春成

获奖：一等奖

原载：《语文课堂立体教学模式》（广西教育出版社，2001年8月第1版，有改动）

一

师：《詹天佑》是一篇写人的记叙文。那么，詹天佑究竟是一个什么样的人呢？请同学们速读课文，从文中找出能够说明詹天佑究竟是一个什么样的人的一句话，看谁读得快、找得准。

（教师紧扣课题，单刀直入；学生带着问题，积极阅读，寻求答案）

【设问开讲，质疑导读，让学生找全文中心句，既有利于学生从整体上把握课文主旨，又激起了学生的探求欲望，高屋建瓴，一箭双雕】

师：好啦，大部分同学都举手了。（教师指向一个举手的学生）请这位同学说一下你找出的是哪一句话。

生：就是课文的第一句话——“詹天佑是我国杰出的爱国工程师”。

师：（面对全体学生）他找得对不对？

生：（齐声）对！

师：很好！

〈**板书**　杰出、爱国〉

师：作者在文章的开头就开门见山、提纲挈领地给我们点明要记叙的中心内容（手指板书的字样）。那么，从哪些地方可以看出詹天佑是一位杰出的工程师呢？请同学们继续仔细地默读课文，寻找答案。

【再次质疑，引导学生深究课文具体内容】

师：谁来说说自己找的结果？（有一生举手）好，你来说说。

生：课文举了勘测线路，打居庸关隧道、八达岭隧道和设计“人”字形线路四个例子来表现詹天佑的杰出才能。

师：有没有不同的意见？请举手。（大部分同学摇头）

师：这个同学读得很仔细，回答问题的确比较全面正确，非常好！

【先让学生概括地了解反映詹天佑杰出才能的几件事情，为下面的具体分析奠定基础】

二

师：八达岭山势如何？请同学们画一个简单的示意图。谁来上讲台画一画？——好，你来。

（大部分学生画好了）

师：书上说“八达岭隧道长一千一百多米，有居庸关隧道的三倍长”。那么，怎样开凿八达岭隧道才好呢？（不急于让学生作表面回答，而是继续讲下去，让学生的思维真正动起来）从开凿居庸关隧道我们知道开凿八达岭隧道也有两个现成的工作面，在哪里？请继续画示意图。

生：（画示意图）两个现成的工作面在两端。

师：但八达岭隧道太长了，有居庸关隧道的三倍长，光有两个工作面，工作效率还不够高，可不可以有更多的工作面，进一步地提高工作效率呢？詹天佑想出了什么好的办法？怎样开凿？

生：詹天佑想出了中部凿井法，就是从山顶往下打直井，再分别向两头开凿。（继续画示意图）

师：为什么要在两端同时凿井的基础上加上中部凿井法呢？

生：因为中部凿井法可以增加工作面，提高工作效率，节省时间。

【至此，经过讨论，学生已理解什么是中部凿井法及为什么要采用中部凿井法，为理解下文打直井的数量打下了基础】

师：从图上可以看出，打一口直井，能够增加两个工作面，那么，打两口直井，可以增加几个工作面？

生：四个。

师：打三口直井呢？

生：六个。

师：依此类推，打的直井越多，增加的工作面就越多，对不对？

生：（齐答）对！

师：那么，可不可以说，打的直井越多，增加的工作面就越多，所需的工期就越短呢？为什么？

生：（被质疑愣住，随即陷入思考）不是，因为打直井本身也需要时间，打的直井太多，反而浪费很多时间，所以，打的直井太多，增加的工作面是多了，但不一定能够缩短工期。

师：那么，到底打几口直井，增加几个工作面最好呢？记住：八达岭隧道有居庸关隧道的三倍长，会不会只打一口直井？

生：不会。

师：直井会不会超过四口？

生：也不会。

师：那么，到底是两口还是三口直井呢？

生：两口。

生：三口。

生：两口的可能性大一些。

师：对，大家想对了，你们也像詹天佑一样聪明！据资料查证，詹天佑确实是打了两口直井，增加了四个工作面，包括两端的两个现成的工作面，总共是通过六个工作面来开凿八达岭隧道的。这样他成功地把工期缩短了一半。

（教师演示有关中部凿井法的电脑课件，完整地总结学生的示意图）

师：通过了解中部凿井法，我们感受到了詹天佑的——

生：（齐声）杰出才能！

〈**板书**　中部凿井法〉

【通过引思、激趣、善问，让学生展开想象，逐层探索、理解，直至突破中部凿井法这一教学难点】

三

师：那么火车是怎样过“人”字形铁路的呢？请同学们细读课文，对照插图，然后在练习本上画一个“人”字形线路，用你的钢笔作火车，假设有笔套的一头的火车头先拉，笔尾一端的火车头先推。然后如何倒过来，拉的变推，推的变拉呢？

（同学们认真读课文，看插图，用笔演示）

师：（在黑板上画出“人”字形线路图）不少技术高明的小“司机”已经把“火车”开过了“人”字形线路，并调转了“车头”。老师这支铅笔就是一列火车，红绿两端就算是两个火车头，分别挂在“火车”的两端。哪位小“司机”上来演示一下？

生：北上的列车到了南口就用两个火车头，一个在前面拉，一个在后面推。过青龙桥，列车向东北前进，过了“人”字形线路的岔道口就倒过来，原先推的火车头拉，原来拉的火车头就在后面推。

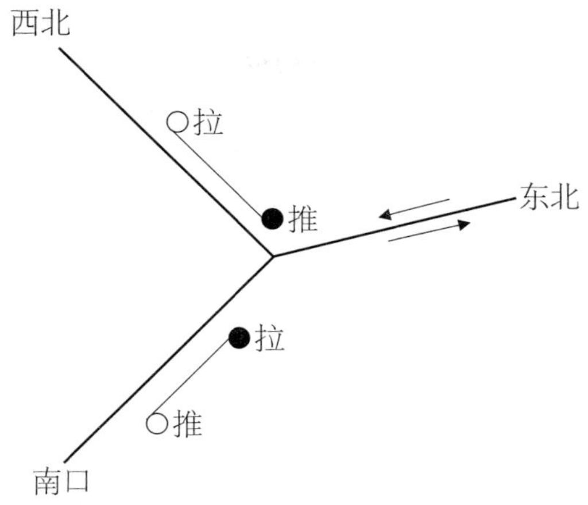

师： 这位“司机”顺利地完成了操作任务，解说也十分清楚。我们对他表示热烈的祝贺。（大家为他鼓掌）

师： 谁能说说为什么“人”字形线路能使火车上山容易得多？

【以问激趣，质疑具有挑战性】

生： “人”字形的两条斜线实际上是把这个陡坡的坡度分成了两半。火车分两次上坡，一次爬一半的坡度，因此坡度缓了，也就容易得多了。

生： 我们骑车上坡，如果坡太陡了，想从坡底一直冲上去是不可能的。我们就斜着走，上坡就容易得多了。我想这和设计“人”字形线路是同样的道理。

师： 说得不错。通过设计“人”字形线路，我们又一次感受到了詹天佑的——

生： （齐声）杰出才能！

〈**板书**　“人”字形线路〉

四

师： 我们再回头来看课文，詹天佑是在什么时候、什么情况下接受修筑铁路的任务的？

生： 詹天佑是在清朝末年接受修筑任务的。

生： 詹天佑是在半殖民地半封建的旧中国里、我国深受帝国主义侵略的情况下接受任务的。

师： 大家再找一找课文里哪些话具体写出了当时的情况。

（要求学生读课文中有关语句，读中理解“阻挠、要挟、嘲笑”）

师： 如果把这三个词的位置调换一下，先写帝国主义者要挟，再写阻挠、嘲笑；或先写嘲笑，再写要挟和阻挠行吗？为什么？

生： 不行。因为帝国主义者先是强行阻挠，再是要挟，最后才是嘲笑。

生：这三个动词有着十分密切的联系。帝国主义者先是蛮横阻挠，不准我们修铁路，想争夺这条路的修筑权，达到侵略我国的目的。阻挠不住，就进行要挟，要挟又不行了，最后只好嘲笑。这充分揭露了帝国主义的侵略本性和蛮横、狡诈的面目。

师：詹天佑就是在帝国主义者百般阻挠、祖国人民遭受欺凌和侮辱的情况下，为粉碎帝国主义侵略阴谋，挺身而出接受任务的。所以说他既是个杰出的工程师，又是一个——

生：（齐声）爱国的工程师。

五

师：有同学提出，这篇文章课题是《詹天佑》，可是第二段并没有写他，如果把第二段删去，写了第一段直接写第三段，可以吗？请大家反复比较朗读，再讨论。

（学生删去第二段读一遍，按原文读一遍）

生：可以。因为删去第二段，文章仍然可以连接起来，有开头、经过、结尾，还是一篇结构完整的文章。

生：不可以。删去第二段就不能反映出当时的情况。

生：不可以。因为删去写当时社会情况的这一部分，就不能突出詹天佑是个爱国的工程师了。

生：不能删，因为这一段突出了文章的中心——爱国。

师：我同意大多数同学的意见。这一段虽没有直接写詹天佑，但写出了当时帝国主义侵略中国的黑暗现实。詹天佑的爱国主义精神就是在当时帝国主义者阻挠、要挟、嘲笑我们的情况下，在击败帝国主义对我国修筑铁路的干涉和破坏的斗争中表现出来的。删去这一段，就不能突出文章的中心。以后，我们在阅读文章时，一定要注意文章中人物所处的社会环境，才能更深刻地理解课文。可以说，詹天佑是“临危受命”，最后是“不辱使命”！

师：好，那么，就请同学们好好地品读一下课文的第四段，领会一番詹天佑是如何“不怕困难，也不怕嘲笑”地勘测线路的。

〈**板书**　临危受命，不辱使命　不怕困难，不怕嘲笑〉

（指导学生反复诵读，品味詹天佑的语言、行动和心理活动，体会他的思想、精神、品质与作风，体会他的爱国）

【运用换位、删减两种比较方法引导学生读书，让学生在读中悟道，寓德于文，不落俗套】

六

师：居庸关隧道、八达岭隧道的开凿，“人”字形线路的设计修筑，是世界铁路修筑史上的创举，充分体现了詹天佑的智慧与杰出才能！综合这一切，联系课文开头的那句话，我们就可以水到渠成地得出一个结论——

生：（齐答）詹天佑是我国杰出的爱国工程师。

师：课文在开头先概括地说“詹天佑是我国杰出的爱国工程师”，然后再作具体的叙述。同时，课文在开头先概括地说京张铁路是在詹天佑的主持下修筑成功的，然后再写是怎样修筑成功的。这是一种什么写法？

生：先总后分。

师：对，也就是先概括后具体的写法。

【评价点题，首尾照应，并引导学生归纳出规律性的知识，让学生学有所得】

七

师：京张铁路提前竣工，全国上下欢欣鼓舞。詹天佑不愧为中华民族的优秀分子，他没有辜负中国人民的期望，用铁一般的事实，给了藐视中国的帝国主义者一个有力的回击、一记响亮的耳光！请同学们为这条京张铁路取一个有意义的名字，并说出理由，好吗？

（学生情绪激昂，踊跃发言）

生：天佑路——因为是詹天佑主持修筑的，取这个名字，可以纪念他。

生：争气路——因为这条路的成功修筑，给了藐视中国的帝国主义者一个有力的回击，实实在在为中国人民争了一口气！

生：爱国路——爱国热情是詹天佑克服困难的动力，修筑成功又是他爱国热情的具体体现。

生：中国路——因为这是中国人自己设计施工的第一条铁路。

生：成功路——这项艰巨的工程，连外国工程师都不敢轻易尝试，中国当时科技又落后，但詹天佑却克服艰难险阻修筑成功。

生：智慧路——因为这条路充分体现了中国人民的智慧和力量。

生：“人”字路——这是詹天佑创造精神的集中体现，也是这条路的主要特征。

生：光荣路——这条路使每一个中国人感到无上光荣、无比骄傲！

师：同学们给京张铁路取的名字真好！尽情赞颂了詹天佑的杰出才能和爱国热情，也表达了同学们对詹天佑的怀念、崇敬以及作为一个中国人的自豪。下面还有一点时间，请同学们将刚才取的名字整理在自己的练习本上，好不好？

生：好！

【这一教学环节，不仅训练了学生的发散思维，发展了学生的智力，而且加深了学生对课文中心意思的理解，使教学达到了高潮。整个教学到此戛然而止，收到了言有尽而意无穷的艺术效果】

《詹天佑》教学板书

詹天佑

杰出

1. 中部凿井法
2. “人”字形线路

爱国

1. 临危受命，不辱使命。
2. 不怕困难，不怕嘲笑。

《詹天佑》教学构思

为了便于解析《詹天佑》一课的教学，我大致把它分割为七个教学环节。从四环节语文教学艺术课型的角度来分析，整个教学过程基本上是遵循作者的思路有序展开的。在第一个教学环节，通过“切题设问，制造悬念”的方式开讲，既诱发了学生的学习兴趣，又直逼主题，利于学生整体感知教材，把握课文的主旨。第二至第五个教学环节，是本课的教学重心。第二至第三个教学环节，通过突破中部凿井法和“人”字形线路两个教学难点，使学生认识到了詹天佑是一位杰出的工程师。第四至第五个教学环节，通过分析詹天佑接受修筑铁路任务的背景，使学生了解了詹天佑的爱国情怀。第六环节，概括点题，照应开讲，使整个教学浑然一体。各个教学环节之间既相对独立又紧密联系，教学过渡语言的设计十分自然。最后一个教学环节，让学生给京张铁路起名字，既是教学的高潮，又是教学的收束，集迁移式、评述式、讨论式、概括式为一体，升华了整堂教学。总之，教学开讲、过渡、高潮、结尾诸环节的设计比较系统，具有较强的艺术性。

从教学方法与手段的运用上来说，体现了综合性的特征。如有时让学生画一画，有时让学生做一做，有时让学生想一想，有时让学生说一说，有时让学生读一读，有时让学生议一议，寓教于乐，寓教于玩，变苦学为乐学。同时，多媒体教学手段的使用，加大了课堂教学的信息量。这些都大大地提高了课堂教学效率。就拿“读”来说，有速读，有默读，有诵读，有比较读，还有品读。通过多角度地反复诵读，引导学生体会人物的思想感情，领悟课文的精髓。任何课堂教学，在方法应用上都是多种教学方法的综合运用，通俗地讲就是要为完成教学目标做到教学方法千变万化、教学手段不拘一格。很难想象，教师总是用千篇一律的单一的教学方法或手段进行教学课堂上会具有活力。全国著名教育改革家魏书生老师在拙著《立体教学初论》的序言里精辟地说：“我和许多教得很累的青年教师谈心，发现老师们累的一个重要原因，在于不能多角度、多层次去分析教学内容、方法和手段，而是用整齐划一的内容，我讲你听的方法，千篇一律的手段，去强迫基础不同、性格各异、能力相差悬殊的学生们作出统一的反应，统一的接收姿态。结果当然是事与愿违，时间长了当然感觉很累。我反复学习于漪、钱梦龙、欧阳黛娜、宁鸿斌等全国著名语文教师的经验，觉得他们有一个共同的特点就是眼界开阔。他们能从哲学、政治、经济、社会学、伦理学、教育学、心理学、美学等不同的角度、层次去看待自己、学生、教育、教学以及教学内容、方法与手段。这样的教学内容才易于为学生接受，教学方法才千变万化，教学手段才不拘一格。他们才由语文教学的必然王国进入了自由王国，他们才不是教书匠而是语文教育家。我想青年教师若要跨入语文教学的自由王国就必须学习立体的思维方式。”

课型 十一

指导学生互相评改作文课型简介

指导学生互相评改作文课型简介

《一件小事》教学设计

《一件小事》教学课件

《一件小事》教学实录

《一件小事》教学板书

《一件小事》教学构思

指导学生互相评改作文课型简介

一、指导学生互相评改作文课型的概念

《义务教育语文课程标准》（2011年版）明确要求初中生写作：“根据表达的需要，借助语感和语文常识，修改自己的作文，做到文从字顺。能与他人交流写作心得，互相评改作文，以分享感受，沟通见解。”据此精神创建的指导学生互相评改作文课型，顾名思义，就是指导学生互相评改作文，培养学生修改作文的能力，最终达到学生能够自己修改自己作文的目的。

二、指导学生互相评改作文课型的结构和程序

教师讲解作文批改方法→学生互相评改作文→作文后教师总评指导→展示优秀作文

三、指导学生互相评改作文课型使用的教学方法

讲解法、练习法、评析法、指导法。

四、指导学生互相评改作文课型适应的教学内容

作文教学。

五、指导学生互相评改作文课型的特点

（一）真正发挥了学生在作文教学中的主体地位。

（二）培养学生批改作文的习惯与能力。

（三）还作文评改权于学生，将语文老师从繁重的作文批改中解放出来。

《一件小事》教学设计

一、教学目标

（一）以“记叙文中的议论和抒情”为切入点，讲评本次全班作文的特点，激发学生的写作兴趣。

（二）指导学生学习“记叙文中的议论和抒情”。

二、教学重点

“记叙文中的议论和抒情”的指导和训练。

三、教学难点

议论和抒情的融合运用。

四、教学方法

探究法、范例法、训练法、讲授法。

五、教学课型

指导学生互相评改作文课型。

六、教学过程

（一）谈话导入。

（二）榜上有名。

（三）“记叙文中的议论和抒情”优秀习作展评。

（四）认知“记叙文中的议论和抒情”的概念。

（五）明确“记叙文中的议论和抒情”的作用。

（六）“记叙文中的议论和抒情”不当习作（“离题万里”与“抒发不当”）展评，并作有针对性的指导与训练。

（七）佳作欣赏。

七、布置作业

就某一件小事，写一段“议论和抒情”的文字，字数不限。

《一件小事》教学课件

P1

记叙文中的议论和抒情

——《一件小事》作文后指导教学

P2

记叙文中的议论和抒情

——优秀习作展评

P3

·故事梗概（作者：胡建中）

写一个小女孩和一名男青年素不相识，两人都到面包店去买奶油包，但店里只剩下一个奶油包了，那个小女孩毫不犹豫地把奶油包让给男青年，结果男青年也没买那个奶油包……

·精彩片段——“意味深长”式议论与抒情

善良宝贵如金，善良博大如海，但又蕴含在简单而平易的细节之中。有时，它是风雨中悄然撑开的一把伞；有时，它是黑暗中倏然点亮的一盏灯；有时，它是寒冬里熊熊燃烧的一盆火；更多的时候，善良是一句亲切的问候、一个善意的微笑、一声真诚的祝福，一个善意的行动……

我走到橱窗前，买下了那一个奶油包，我小心翼翼地捧着，舍不得吃，因为它珍藏着小女孩那颗善良的心。

P4

·故事梗概（作者：黄瑞嘉）

写作者上学时遇到大雨，搭了邻居的顺风车，下车时又遇到一个女生主动打伞为她挡雨。

·精彩片段——“形象感人”式议论与抒情

她笑了笑，如冬日里的阳光，融化了积雪，给予万物温暖。看着她渐渐远去的身影，心中滑过一丝感动。

雨还在淅淅沥沥地下着，地面上溅起的水花亦如她灿烂的微笑。我抬起了头，看了看天空，笑了笑，然后朝学校走去。

有人说过，每个人都是天使。真的，像楼上的叔叔，像那位女生，他们就是这样的天使。只要心存善良，谁都可能成为天使。我们的身边不乏天使存在，天使就在你、我、他中间。

一件小事，一个天使，一阵温暖。

P5

·故事梗概（作者：伦月娥）

写一个小男孩帮打扫楼道的清洁工按电梯按钮。

·精彩片段——“简洁明了”式议论和抒情

原来一直令人迷惑的“4楼按钮之谜”背后，有如此令人感动的一面。

那一按，是善良的。

那一按，是美丽的。

P6

知识卡片

什么是记叙文中的议论与抒情?

·议论：指记叙文在描述事件、塑造形象的过程中，穿插进作者对人物、事件的评价和态度。

·抒情：是作者的主观感受和思想感情在作文中的抒发和倾吐。

P7

知识归纳

记叙文中的议论与抒情的作用是什么?

一、点题明旨（如胡建中的习作）

即画龙点睛，用议论抒情点题，揭示事件的深层意义。

二、阐明感悟（如黄瑞嘉同学的习作）

表达作者对人物、事件的看法、评价，阐明自己对生活的感悟。

三、表达心愿（如伦月娥的习作）

抒发一种情感，表达一种心愿。

P8

记叙文中的议论和抒情

——不当习作展评与指导训练

P9

· 故事梗概

写看到一个小男孩滑倒后又爬起来。

· 文末议论

世上没有不弯的路，人间没有不谢的花。

· 问题类型——离题万里

P10

· 故事梗概

写暑假自己打工“穿珠子”。

· 文末议论

以后，我看到辛劳工作的工人，应该跟他们道一声“辛苦了”。城市，就是因为有这些辛劳的工人而变得美丽。

· 问题类型——抒发不当

P11

一件小事

倪子斌

一个脚跟踩扁了紫罗兰，而它却把香味留在脚跟上，这就是宽容。

——安德鲁·马修斯

宽容，多么神奇的两个字。人们会因为宽容而变得温暖；生命会因为宽容而更加精彩；整个世界，会因为宽容而倍加美好、和平！

“哗哗哗”，大雨倾盆，狂风咆哮，雷电交加。我撑着伞，急急忙忙地向补习班跑去。到达之后，我几乎变成了落汤鸡，衣服湿得能拧出水来，心情也更加郁闷……

上个星期五（倒叙），学校因为台风的缘故而停课一天。我的邻居来到我家和我一起玩电脑。正当我们玩到最关键的时刻，邻居因为太过激动而把手往右边一挥，正好碰到玻璃架上的一个花瓶。

P11

“啪”的一声，花瓶在空中做了一个“美丽”的后空翻，直接摔成碎片。我的火一下子就冒了上来，这可是我最珍爱的花瓶。怒火烧光了我的理智，我随手抓起电脑前的网球，用尽力气朝邻居扔过去，重重地打在他的脸上……

虽然邻居并没有受伤，虽然我事后向他道了歉，虽然这在我的生活中只是微不足道的一件小事（照应文题），但我还是意识到我犯了很严重的错误。我深刻地反省自己：为什么我不能学会宽容呢？我怎么会对自己的朋友出手呢？我真是太狭隘了……

当我看向补习班窗外如注的大雨时，忽然，我注意到窗边有一条窗帘绳被绑成了一个结。这个绳结由两个大结组成，每个大结上都有10个小结。莫名地，我就想解开它。当我把这21个结都解开时，望了一下计时器：3分28秒。解开21个死结只需3分28秒，那我为什么不去尝试解开自己的心结呢？把狭隘之心扔掉，用宽容

P11

去面对一切。（从生活细节中得到启发）

如果天空不宽容，容忍不了风雨雷电，何来它的辽阔之美；如果大海不宽容，容忍不了惊涛骇浪，何来它的浩瀚之美；如果宇宙不宽容，容忍不了星辰裂变，何来它的神秘之美；如果时间不宽容，容忍不了兴衰更迭，何来它的延续之美……

我的朋友，我把“宽容”——这神奇的两个字送给你，既希望你能拥有，也希望你能给予。让我们告别狭隘之心，用宽容之心包容一切，学会做那朵赠人清香的紫罗兰。（照应题记）

P12

“记叙、议论和抒情相结合”的两种方式

在记叙文里，记叙、议论和抒情总是融合在一起使用，它们有两种相结合的方式：

一是文章的主体部分是记叙，而开头或结尾是议论或抒情。

二是边叙述边议论或抒情，即夹叙夹议。

（以上两点在倪子斌同学的习作里体现得都比较明显）

P13

作　　业

就自己和长辈（如父母或老师）顶嘴的一件小事，写一段“议论和抒情”的话，字数不限。

《一件小事》教学实录

时间：2008年11月21日上午9:00—10:30
地点：深圳市龙岗区实验学校
学生：七年级（5）班
主题：教研员示范课
执教：孙春成
整理：刘毅

第一课时（9:00—9:40）[①]

师：同学们，上一周我们写了作文《一件小事》，今天我们学习互相评改作文。
师：请看大屏幕，老师先给你们介绍几种作文批改的基本方法。
【投影】
作文批改的基本方法：
1．错字，在其上画“×”；别字，在其上画“|”。
2．优美的句子，在其下画波浪线“～～～”。
3．精彩的句子，在其下画圆圈“。。。”。
4．不通顺的句子，在其下画横线“____”。
5．旁批。
6．眉批。
7．总体评价。
8．打分。
师：怎么打分呢？
【投影】
作文评分标准（百分制）：
一类卷（100—90分）

①第一课时的“投影”不在教学课件部分展示。

1．立意明确，中心突出，材料具体生动，有真情实感。
2．结构严谨，注意前后照应，详略得当。
3．语言得体、流畅。
二类卷（89—80分）
1．立意明确，中心突出，材料具体。
2．结构完整，条理清晰。
3．语言规范、通顺。
三类卷（79—70分）
1．立意明确，材料能表现中心。
2．结构基本完整，有条理。
3．语言基本通顺，有少数错别字。
四类卷（69—60分）
1．立意不明确，材料难以表现中心。
2．结构不完整，条理不清晰。
3．语言不通顺，错别字较多。
五类卷（59—0分）
1．没有中心，空洞无物，严重离题。
2．结构残缺，不成篇章。
3．文理不通，错别字较多。
加分（符合下列条件之一，可酌情加1—3分，加至本题满分为止）：
1．立意深刻。
2．构思独特。
3．语言优美。
4．富有个性。
5．卷面整洁，书写优美。
扣分：
1．无标题扣2分。
2．不足500字者，每少50字扣1分。
3．错别字每3个扣1分（重复的错别字不计），最多扣3分。
4．不能正确使用标点符号扣1—3分。
5．卷面脏乱、字迹潦草、难以辨认者扣1—3分。
6．出现暴露身份的真实校名、地名、人名的扣1—3分。

师：下面老师介绍一下同学们互相评改作文的步骤。

【投影】

“学生互相评改作文”之步骤：

第一步：统一评改标准。

第二步：把握评改方法。

第三步：选择评改方式。

第四步：进行互相评改。

第五步：交流评改作文。

师： 好了，大家就根据老师讲的这些标准或方法，同桌交换互相评改或四人小组合作互相评改！

生：（齐）互相评改作文《一件小事》。

第二课时（9:50—10:30）

师： 这节课老师讲评一下作文《一件小事》。

【投影】

记叙文中的议论和抒情——《一件小事》作文后指导教学

师： 首先，老师要特别表扬12位同学，他们的作文整体上都写得比较好。

【投影】

记叙文中的议论和抒情——优秀习作展评

【投影】

·故事梗概（作者：胡建中）

写一个小女孩和一名男青年素不相识，两人都到面包店去买奶油包，但店里只剩下一个奶油包了，那个小女孩毫不犹豫地把奶油包让给男青年，结果男青年也没买那个奶油包……

·精彩片段——“意味深长”式议论与抒情

善良宝贵如金，善良博大如海，但又蕴含在简单而平易的细节之中。有时，它是风雨中悄然撑开的一把伞；有时，它是黑暗中倏然点亮的一盏灯；有时，它是寒冬里熊熊燃烧的一盆火；更多的时候，善良是一句亲切的问候、一个善意的微笑、一声真诚的祝福，一个善意的行动……

我走到橱窗前，买下了那一个奶油包，我小心翼翼地捧着，舍不得吃，因为它珍藏着小女孩那颗善良的心。

【投影】

·故事梗概（作者：黄瑞嘉）

写作者上学时遇到大雨，搭了邻居的顺风车，下车时又遇到一个女生主动打伞为她挡雨。

·精彩片段——“形象感人”式议论与抒情

她笑了笑，如冬日里的阳光，融化了积雪，给予万物温暖。看着她渐渐远去的身影，心中滑过一丝感动。

雨还在淅淅沥沥地下着，地面上溅起的水花亦如她灿烂的微笑。我抬起了头，看了看天空，笑了笑，然后朝学校走去。

有人说过，每个人都是天使。真的，像楼上的叔叔，像那位女生，他们就是这样的天使。只要心存善良，谁都可能成为天使。我们的身边不乏天使存在，天使就在你、我、他中间。

一件小事，一个天使，一阵温暖。

【投影】

·故事梗概（作者：伦月娥）

写一个小男孩帮打扫楼道的清洁工按电梯按钮。

·精彩片段——“简洁明了”式议论和抒情

原来一直令人迷惑的“4楼按钮之谜”背后，有如此令人感动的一面。

那一按，是善良的。

那一按，是美丽的。

【投影】

知识卡片

什么是记叙文中的议论和抒情？

议论：指记叙文在描述事件、塑造形象的过程中，穿插进作者对人物、事件的评价和态度。

抒情：是作者的主观感受和思想感情在作文中的抒发和倾吐。

【投影】

知识归纳

记叙文中的议论与抒情的作用是什么？

一、点题明旨（如胡建中的习作）

即画龙点睛，用议论抒情点题，揭示事件的深层意义。

二、阐明感悟（如黄瑞嘉同学的习作）

表达作者对人物、事件的看法、评价，阐明自己对生活的感悟。

三、表达心愿（如伦月娥的习作）

抒发一种情感，表达一种心愿。

师：下面进行记叙文中的议论和抒情不当习作展评。

【投影】

记叙文中的议论和抒情——不当习作展评与指导训练

【投影】

·故事梗概

写看到一个小男孩滑倒后又爬起来。

·文末议论

世上没有不弯的路，人间没有不谢的花。

·问题类型——离题万里

【投影】

·故事梗概

写暑假自己打工“穿珠子”。

·文末议论

以后，我看到辛苦工作的工人，应该跟他们道一声“辛苦了”。城市，就是因为有这些辛劳的工人而变得美丽。

·问题类型——抒发不当

师：我们共同欣赏一下倪子斌同学的作文。

【投影】

一件小事

倪子斌

一个脚跟踩扁了紫罗兰，而它却把香味留在脚跟上，这就是宽容。

——安德鲁·马修斯

宽容，多么神奇的两个字。人们会因为宽容而变得温暖；生命会因为宽容而更加精彩；整个世界，会因为宽容而倍加美好、和平！

“哗哗哗”，大雨倾盆，狂风咆哮，雷电交加。我撑着伞，急急忙忙地向补习班跑去。到达之后，我几乎变成了落汤鸡，衣服湿得能拧出水来，心情也更加郁闷……

上个星期五（倒叙），学校因为台风的缘故而停课一天。我的邻居来到我家和我一起玩电脑。正当我们玩到最关键的时刻，邻居因为太过激动而把手往右边一挥，正好碰到玻璃架上的一个花瓶。“啪”的一声，花瓶在空中做了一个“美丽”的后空翻，直接摔成碎片。我的火一下子就冒了上来，这可是我最珍爱的花瓶。怒火烧光了我的理智，我随手抓起电脑前的网球，用尽力气朝邻居扔过去，重重地打在他的脸上……

虽然邻居并没有受伤，虽然我事后向他道了歉，虽然这在我的生活中只是微不足道的一件小事（照应文题），但我还是意识到我犯了很严重的错误。我深刻地反省自己：为什么我不能学会宽容呢？我怎么会对自己的朋友出手呢？我真是太狭隘了……

当我看向补习班窗外如注的大雨时，忽然，我注意到窗边有一条窗帘绳被绑成了一个结。这个绳结由两个大结组成，每个大结上都有10个小结。莫名地，我就想解开它。当我把这21个结都解开时，望了一下计时器：3分28秒。解开21个死结只需3分28秒，那我为什么不去尝试解开自己的心结呢？把狭隘之心扔掉，用宽容去面对一切。（从生活细节中得到启发）

如果天空不宽容，容忍不了风雨雷电，何来它的辽阔之美；如果大海不宽容，容忍不了惊涛骇浪，何来它的浩瀚之美；如果宇宙不宽容，容忍不了星辰裂变，何来它的神秘之美；如果时间不宽容，容忍不了兴衰更迭，何来它的延续之美……

我的朋友，我把“宽容”——这神奇的两个字送给你，既希望你能拥有，也希望你能给予。让我们告别狭隘之心，用宽容之心包容一切，学会做那朵赠人清香的紫罗兰。（照应题记）

【投影】

“记叙、议论和抒情相结合”的两种方式

在记叙文里，记叙、议论和抒情总是融合在一起使用，它们有两种相结合的方式：

一是文章的主体部分是记叙，而开头或结尾是议论或抒情。

二是边叙述边议论或抒情，即夹叙夹议。

（以上两点在倪子斌同学的习作里体现得都比较明显）

【投影】

作业

就自己和长辈（如父母或老师）顶嘴的一件小事，写一段“议论和抒情”的话，字数不限。

《一件小事》教学板书

学生互相评改作文步骤

一、统一评改标准
二、把握评改方法
三、选择评改方式
四、互相评改作文
五、交流评改作文

《一件小事》教学构思

我2008年9月任深圳市龙岗区初中语文教研员，初任不到两个月，就在全区上了学生互相评改作文示范课，并作专题报告，全面推广我的学生互相评改作文课的教学经验，目的就是将语文老师从繁重的作文批改中解放出来！

传统的教师精批细改学生作文有两点弊病：一是忽视了学生才是作文的主体，抑制了学生的积极性和主动性。正如叶圣陶先生所言："老师辛苦了，学生吃亏了。"二是破坏了"作文与评改作文"的整体性与系统性。学生只会作文，不会评改，缺乏作文与评改的系统性训练，写作能力必然低。

我们明确指出作文教学的出路是——还评改权于学生，理由有这么几点：一是新课标《义务教育语文课程标准》明确要求学生养成修改自己作文的习惯，修改时能借助语感和语法修辞常识，做到文从字顺；还要求学生能与他人交流写作心得，互相评改作文，以分享感受，沟通见解。二是叶圣陶先生在《大力研究语文教学，尽快改进语文教学》一文中指出："着重在培养学生自己改的能力，教师只给些引导和指点，该怎么改让学生自己去考虑、去决定，学生不就处于主动地位了吗？养成了自己改的能力，这是终身受用的。"三是系统论的整体性原理告诉我们，作文和评改作文是一个整体，学生既要会写作文，也必须会评改作文。四是从实践论的角度讲，学生评改一次作文就等于重新写了一次作文，增加了作文的数量，而量变必然会产生质变。基于以上理念，我们大胆地进行作文教学改革，首先从作文批改上下手，目的就是培养学生修改自己作文的习惯，教会学生评改自己的作文，切实提高作文教学效率和学生的写作能力，把语文教师从繁重而"徒劳无功"的作文批改中解放出来！

特别需要注意一点——我们强调发挥学生在作文中的主体性，并不意味着在作文教学中削弱甚至是忽视教师的主导作用！学生"互相评改作文"中教师的主导作用体现在以下四点：一是目标制定，二是方法指导，三是过程调控，四是效果评价。

《一件小事》作文示范课，对学生来说似乎不算什么，但对于一线的语文教师来说绝不是一件小事，而是天大的事情，可以说是我区作文教学的一场革命！我的"指导学生互相评改作文课型"分三个步骤：讲方法→互评改→作总结。

教师先授之以法，给学生讲解传授"作文批改基本方法""作文评分标准""学生互相评改作文之步骤"。学生在互相评改之后，教师虽然对学生的作文不做精批细改，但依然要对学生的作文进行仔细的审阅和研究，作总结性的讲评和指导。《一件小事》作文学生互评课，我首先确立了讲评的主旨为记叙中的议论和抒情，然后围绕这个中心，展评了三个代表不同类型的优秀习作片段——“意味深长”式议论与抒情、“形象感人”式议论与抒情、“简洁明了”式议论与抒情，然后又举出了“离题万里”“抒发不当”两则反面的例子进行点评，从中让学生学到了规律性的作文知识：什么是记叙文中的议论与抒情？记叙文中的议论与抒情的作用是什么？可谓有的放矢，画龙点睛，让学生学有所得！

课型 十二

专题性复习课型

专题性复习课型简介

修改病句专题性复习课教学设计

修改病句专题性复习课教学课件

修改病句专题性复习课教学实录

修改病句专题性复习课教学板书

修改病句专题性复习课教学构思

专题性复习课型简介

一、专题性复习课型的概念

顾名思义，专题性复习课型就是指一堂课针对某一个专题知识或中考考点进行专项复习和训练。

二、专题性复习课型的结构和程序

明考点→示例题→讲方法→做练习。

三、专题性复习课型适应的教学内容

专题知识、中考考点。

四、专题性复习课型所使用的教学方法

范例法、讲授法、讨论法、练习法。

五、专题性复习课型的特点

（一）明考点就是讲清楚本节课的专题性复习针对的考点，即教学目标是什么。

（二）示例题就是展示一下考题题型，让学生明白针对这个考点的命题形式。

（三）讲方法就是讲解做题的方法。

（四）做练习就是当堂进行针对性的习题练习。专题性复习课的主旋律是做练习，所以课堂绝大部分时间要用在这一环节上。

修改病句专题性复习课教学设计

一、教学目标

（一）专题复习修改病句。

（二）培养学生修改病句的能力。

二、教学重点

修改病句习题训练。

三、教学难点

培养学生修改病句的能力。

四、教学方法

范例法、讲授法、探究法、训练法。

五、教学课型

专题性复习课型。

六、教学过程

（一）明确复习考点。

（二）展示中考题型。

（三）讲解解题方法。

（四）进行专题训练。

修改病句专题性复习课教学课件

P1

一、明考点

考点：能纠正句子的常见毛病。

P2

二、示例题

题型示例一（2017年深圳中考模拟题）

请选出下列句子中没有语病的一项　（　　）

A.家长和老师对我们给予很高的厚望，我们一定要努力学习，决不辜负他们。

B.为避免不再出现大量旅客滞留火车站的局面，深圳市春运办公室通过增加车票提示信息与应急候乘点匹配结合的方法，进一步提高了应急处置能力。

C.7月份以来，我国多地出现35度以上持续高温天气。气象专家预计，未来晴热高温天气还将持续，甚至有可能进一步升级。

D.过于重视教育功能，文学作品会出现理性捆绑感性，思想大于形象，甚至全无艺术性，变成干巴巴的说教。

正确答案：C

P3

题型示例二（2018年深圳中考模拟题）

下列选项中表述有误的一项是（　　）

A.《格列佛游记》是英国作家斯威夫特的一部讽刺小说，它通过虚构的离奇情节和丰富的讽刺手法深刻剖析了当时的英国社会现实。

B.坚强、勇敢的保尔，其实也有软弱的一面，他曾因忍受不了痛苦的折磨而开枪自杀，幸得朋友的发现和帮助，终于战胜了软弱，战胜了自我。

C.“一心向善，爱自由高于一切。就是为了御座，也绝不背叛真理。”这句话出自《名人传》中三位名人之一的贝多芬之口。

P3

D.鲁达和李忠、史进在潘家酒楼吃酒，遇到金翠莲父女卖唱乞讨，问得是受了郑屠欺负，不禁大怒，不但慷慨解囊，而且三拳打死了镇关西。

正确答案：C

P4

三、讲方法

·常见的病句类型有以下八种：

1.两面对一面。例：同学们对自己能否取得好成绩充满了信心。

2.语义重复。例：这次考不好的原因是因为我没有按老师的要求仔细审题。

3.句式杂糅。例：他的家乡是山西人。

4.不合逻辑。例：他反驳时非常肯定地否认不是与个人恩怨有关。

5.表意不清。例：局长嘱咐几个学校的领导，新学期的工作一定要有新的起色。

P4

6.语序不当。例：保护并了解我们的传统文化，是每个中国人义不容辞的责任。

7.搭配不当。例：校长的一生，挽救了不少失足青年。

8.成分残缺。例：经过主人解释，才使他的怒气逐渐平息，最后脸上勉强露出笑容。

P5

·辨析病句的方法：

（1）找出主干，检查主谓宾（中心语）是否残缺，是否搭配不当。

（2）理清枝叶，检查枝叶同主干搭配是否得当。

（3）检查枝叶，看用词是否得当，前后是否矛盾，语序是否合理。

（4）检查关联词语有无滥用、错用或搭配不当的情况，再看分句次序是否合理。

P6

四、做练习

共120道题。

自行做题，做完题后自行对照参考答案或依据老师今天讲的“常见的病句类型”“辨析病句的方法”检查。

修改病句专题性复习课教学实录

时间：2017年5月9日上午10:15—10:55
地点：深圳市龙岗区平湖中学
学生：九年级（9）班
主题：教研员送课下校
执教：孙春成
整理：刘毅

一、明考点

【投影】

考点：能纠正句子的常见毛病。

师：屏幕上的这句话，就是深圳市2018年中考试题第一板块“（一）语言知识和专项语言表达”里“2.表达应用”里的第3项要求。通俗地讲，就是“修改病句”。

师：今天，我给同学们上一堂“修改病句”的专题性复习课。

二、示例题

【投影】

题型示例一（2017年深圳中考模拟题）

请选出下列句子中没有语病的一项（　　）

A.家长和老师对我们给予很高的厚望，我们一定要努力学习，决不辜负他们。

B.为避免不再出现大量旅客滞留火车站的局面，深圳市春运办公室通过增加车票提示信息与应急候乘点匹配结合的方法，进一步提高了应急处置能力。

C.7月份以来，我国多地出现35度以上持续高温天气。气象专家预计，未来晴热高温天气还将持续，甚至有可能进一步升级。

D.过于重视教育功能，文学作品会出现理性捆绑感性，思想大于形象，甚至全无艺术性，变成干巴巴的说教。

正确答案：C

【投影】

题型示例二（2018年深圳中考模拟题）

下列选项中表述有误的一项是 （ ）

A.《格列佛游记》是英国作家斯威夫特的一部讽刺小说，它通过虚构的离奇情节和丰富的讽刺手法深刻剖析了当时的英国社会现实。

B. 坚强、勇敢的保尔，其实也有软弱的一面，他曾因忍受不了痛苦的折磨而开枪自杀，幸得朋友的发现和帮助，终于战胜了软弱，战胜了自我。

C. “一心向善，爱自由高于一切。就是为了御座，也绝不背叛真理。”这句话出自《名人传》中三位名人之一的贝多芬之口。

D. 鲁达和李忠、史进在潘家酒楼吃酒，遇到金翠莲父女卖唱乞讨，问得是受了郑屠欺负，不禁大怒，不但慷慨解囊，而且三拳打死了镇关西。

正确答案：C

三、讲方法

【投影】

·常见的病句类型有以下八种：

1. 两面对一面。例：同学们对自己能否取得好成绩充满了信心。

2. 语义重复。例：这次考不好的原因是因为我没有按老师的要求仔细审题。

3. 句式杂糅。例：他的家乡是山西人。

4. 不合逻辑。例：他反驳时非常肯定地否认不是与个人恩怨有关。

5. 表意不清。例：局长嘱咐几个学校的领导，新学期的工作一定要有新的起色。

6. 语序不当。例：保护并了解我们的传统文化，是每个中国人义不容辞的责任。

7. 搭配不当。例：校长的一生，挽救了不少失足青年。

8. 成分残缺。例：经过主人解释，才使他的怒气逐渐平息，最后脸上勉强露出笑容。

【投影】

·辨析病句的方法：

（1）找出主干，检查主谓宾（中心语）是否残缺，是否搭配不当。

（2）理清枝叶，检查枝叶同主干搭配是否得当。
（3）检查枝叶，看用词是否得当，前后是否矛盾，语序是否合理。
（4）检查关联词语有无滥用、错用或搭配不当的情况，再看分句次序是否合理。

四、做练习

师：下面请同学们做练习，做完同桌交换批阅。

下发“练习题”打印件（老师共提供给学生120道练习题，略）

修改病句专题性复习课教学板书

一、中考考点
二、中考例题
三、解题方法
四、当堂练习

修改病句专题性复习课教学构思

专题性复习课型的结构和程序是：明考点→示例题→讲方法→做练习。修改病句专题性复习课条分缕析，板块鲜明地体现了专题性复习课型这一结构和程序。

明考点就是讲清楚本节课的专题性复习针对的考点，即教学目标是什么。我给学生讲解了2017年《深圳市初中毕业生学业考试说明》里关于“修改病句”的要求：能纠正句子的常见毛病，是2017年深圳市中考最新的信息和要求。

示例题就是展示一下考题题型，让学生明白针对这个考点的命题形式。我讲了两个具有代表性的例题，一个是2017年深圳市中考模拟题中修改病句的例题，一个是2018年深圳中考模拟题里面的例题，给学生一种可信感。

讲方法就是讲解做题的方法。我特意向学生讲解了八种常见病句类型，这就做到了有的放矢。我讲解辨析病句的方法十分简约，为的就是节省时间，让学生围绕专题多做练习。

做练习就是当堂进行针对性的习题练习。专题性复习课主要是做练习，所以课堂绝大部分时间要用在这一环节上。由于平湖中学九年级复习使用的资料是现代教育出版社出版的《语文中考全攻略训练本》，所以课堂上让学生做了这本书的修改病句专项训练题，有75道题，另外我又补充了45道题，共120道题。专题性复习课前三板块，即明考点、示例题、讲方法，一般在10分钟之内讲解完，剩余30分钟做练习。做练习是专题性复习课的主旋律。

附录一　课文就是最好的课题

所谓课题，就是要研究、解决的问题。许多老师苦于找不到课题，实质是找不到需要解决的问题。我教龄33年，其中13年教语文，20年做语文教研员，教来教去，研究来研究去，结果还是回到了原点，回归到了课本，发现课文就是最好的课题。于是，我一直在学校"推销"这个观点，要求每一位老师把每一篇课文当作一个课题进行研究。

把每一篇课文当作一个课题进行研究，要树立极强的研究意识。正如苏霍姆林斯基所说："如果你想让教师的劳动能够给教师带来乐趣，使天天上课不至于变成一种单调乏味的义务，那你就应当引导每一位教师走上从事研究这条幸福的道路上来。" 不能只按备课的思维模式和路数来处理教材，而要以攻克课题的思维模式研究教材。研究什么？首先要吃透教材，过好教材关。教材里涉及的历史、地理、文学、哲学等知识要吃透，教材的重点、难点、精彩点要吃透，教材里的工具性与人文性特点要吃透。其次要研究教学方法，过好教法关。课文适用何种教学方法、教学方式、教学模式，都要对症下药，准确把握，教学才会高效。1990年，我有幸应《中学语文教学论坛》与中语会之邀，在厦门集美中学同魏书生老师为全国青年教改新秀座谈会的与会代表上课。魏老师登台开门见山："同学们，你们现在学到第几课了？"学生齐答："第11课。"魏老师说："那好，我们今天接着学习第12课！"随即在黑板上板书了12课的标题"济南的冬天"……魏老师对教材已烂熟于心，令人叹为观止。

把每一篇课文当作一个课题进行研究，要有问题意识。我们不是缺乏解决问题的能力，而是缺乏发现问题和提出问题的能力。爱因斯坦说："提出一个问题比解决一个问题更重要。" 发现不了问题和提不出问题，关键在于缺乏思考。我教《湖心亭看雪》后问学生：都懂了吗？还有问题吗？学生都说懂了，没问题了。我抛出一个问题："作者开头明确说'余拏一小舟……独往湖心亭看雪'，后面怎么又说'舟中人两三粒'，还出现了'舟子'这样一个人物？这岂不前后矛盾？"教育学生，学贵有疑，要做到有疑敢问、有疑善问、有疑必问。不会提问的学生不是好学生，不会提问的老师不是好老师。

把每一篇课文当作一个课题进行研究，就是求实务本。课题研究是严肃和严谨的科研活动。搞课题不能像搞政治运动，大哄大闹。有的校领导，搞官僚主义，硬是要求每一位老师都要搞课题研究，结果往往都是搞花名堂，隔靴搔痒，对提高教师教学水平没有实质性的帮助，还耽误了老师的正常教学，把老师引向了好大喜功的怪圈。试问，全国几千万老师，有几个搞出了真正有价值的课题，并取得了令人信服的科研成果？很显然，得道者寥若晨星。老师天天上课，每天的课如何上好，这对每一个老师来说就是最基本的课题。老师备好课，上好课，就是求实务本。如果一个老师连课都上不好岂不枉为人师？岂不误人子弟？

把每一篇课文当作一个课题进行研究，需要非凡的毅力。我大学毕业，分配到临晋中学教高中。刚就教席，学校教学主任范西虹老师告诫我："要想教好语文，最少须坐十年冷板凳。"当时我比较费解，后来才知道此话的深刻含义。青年教师要当好一个语文教师，必须要有面壁十年的意志和决心。一套教材六本书，过三轮就九年了，而这九年时间，你真的能把教材搞透彻吗？能把适宜每一类课文的教学模式建构妥当吗？能娴熟地运用各种语文教学方法吗？难！这三轮努力下来，若能成为一个称职的语文老师就谢天谢地了！所以，学语文，教语文，都不可能一蹴而就，都不能急功近利，必须要具备恒心、耐力和毅力。有的老师在市里、省里甚至全国获了什么教学比赛大奖，就很容易自我满足，浅尝辄止，甚至翘起尾巴，认为自己找到语文教学的真谛了。其实不然，教海无涯，教无止境，一堂课岂能定了乾坤？教语文，需要对语文有虔诚之心，有敬畏之心，有非凡毅力，有不懈追求，方能大成。

（发表在《中学语文教学参考》2016年第10期中旬刊"卷首语"，题目、内容均有改动）

附录二　语文课堂教学评价需要“标准化”

怎样才算一堂好的语文课？一直以来，全国上下并没有一个科学的权威性的“评价标准”，这一点实在令人堪忧。

就拿诗歌教学来说吧，诵读是诗歌教学的主旋律，诗歌教学，要注重在诵读过程中体验情感、领悟内容，也就是说诗歌教学的主要目标和方法都应该是诵读。可是，在一次全国性的语文教学展评活动中，有位老师讲徐志摩的诗歌《再别康桥》，竟然根本不指导学生诵读课文，而是自己唱独角戏，一讲到底，满堂讲解分析，完全不符合诗歌教学规律，也不符合新课标精神，令人扼腕叹息。但令人费解的是：此课竟被评为了一等奖。由此我们不得不提出质疑：这样的课到底该不该评一等奖？评课的标准究竟是什么？

由此看来，语文课堂教学评价急需要标准化。许多人肯定会对我的观点持反对意见，认为语文是人文学科，人文学科的特点恰恰是个性化，标准化不就扼杀了它的个性化了吗？况且，语文教学又是一门艺术，而艺术也是追求个性的，无个性等于无艺术。这些我都承认。但是，大家不要忽略了很重要的一点，即语文教学也是一门科学，既然是科学的，那就应该有一个科学的标准来衡量！正如我们的语文高考题标准化了一样。语文教学应该像制定新课程标准一样，由权威部门制定一个科学可行的语文课堂教学评价标准。

其实，自语文课作为一门课程设置以来，广大同人对语文课堂教学评价标准的探索从未间断过。例如，仅教学语言的要求就多达十余项：准确性、形象性、简洁性、含蓄性、针对性、哲理性、逻辑性、真实性、比喻性、亲切性、节奏性、幽默性、生动性、审美性。虽然这些探索极具智慧，且实践性也很强，但是这些所谓标准更多的是民间性的，弹性极大，不够规范，难以普及与推广。笔者尝试在百度搜索“语文教学评价标准”，居然搜到了相关的学术论文达12031篇，可谓五花八门，丰富多彩，令人眼花缭乱。只可惜众说纷纭，毫无权威性可言。如此看来，语文课堂教学所呈现的乱象横生，高耗低效，就不言而喻了！

还有一些教师误把《语文课程标准》里的语文课程“评价建议”当作语文教学的评价建议，更是一塌糊涂。最典型的例子就是，许多语文老师在制定教学目标时已经习惯了三大块，即知识与能力、过程与方法、情感态度与价值观。《语文课程标准》里的评价建议只是针对语文课程的原则性的建议而已，和语文课堂教学评价标准完全大相径庭，岂能相提并论？

笔者认为，语文课堂教学评价标准大致应从以下十五点着手：一是教学目标须精准，二是教学重点要突出，三是教学难点有突破，四是教学结构较合理，五是注重知识落实，六是体现人文精神，七是教学内容恰当，八是教学语言准确，九是教学提问有价值，十是教学方法灵活，十一是激活学生学习兴趣，十二是启发学生独立思考，十三是师生互动和谐有效，十四是学生学习有收获，十五是教学具有创新性。前四条是教学设计范畴，强调了教学目标、教学重点、教学难点、教学结构等四大要素，其中教学结构也涵盖了教学过程的设计。之所以把教学设计放在首位，是因为一堂课成功与否取决于其备课的质量。第五、六、七条是教学内容范畴，指出了教学内容主要是要挖掘教材里有价值的工具性与人文性内容，同时强调了课时教学内容要适量得当，否则过犹不及。第八、九、十条是教学方法范畴，总的要求是教学方法要灵活多样，突出强调了教学语言和教学提问这两点。教学是语言的艺术，教学语言的基本要求就是其准确性；提问是教学的常规武器，教学提问贵在质量，即具有探讨价值。第十一条到第十三条是教学过程范畴，总的要求是教学能激发学生的学习兴趣，让学生进行“独立的脑力劳动”（苏霍姆林斯基语），师生和谐有效互动。最后两条是教学效果范畴，通俗地讲就是怎样才算一堂好的语文课。首先，学生学有所获，或增长了新知识，或思维得到了发展，或学到了某种做人的道理。其次，教学的最高境界当然是其创新性，或教学设计巧妙，或教学方法独特，或教学提问新颖，或教材挖掘深刻，或教学语言优美，不一而足。（以上内容如左表所示）

语文课堂教学评价标准（三等级百分制）

项　目	要　求	权重分	得分
教学设计	教学目标须精准	20	
	教学重点要突出		
	教学难点有突破		
	教学结构较合理		
教学内容	注重知识落实	20	
	体现人文精神		
	教学内容恰当		
教学方法	教学语言准确	10	
	教学提问有价值		
	教学方法灵活		
教学过程	激活学生学习兴趣	20	
	启发学生独立思考		
	师生互动和谐有效		
教学效果	学生学习有收获	30	
	教学具有创新性		
总得分			

说明：得分80—100为优等，得分60—79为良等，得分60以下为差等。

很显然，这个评价标准之所以给教学效果30%的权重分数，最关注的还是学生的收获和教师教学的创新性。

笔者认为《语文课堂教学评价标准》的制定需要由权威

部门牵头，集思广益，从基本要求着眼，起点低一点，内容客观一点，操作性强一点，具有普遍的使用和推广价值。中国教育学会全国中学语文教学专业委员会作为行业专业性的学术团体是否应该担此大任？

（发表在《语文教学通讯》2016年第12B期，略有改动）

附录三　最优化：打造高效语文课堂教学的尝试

如何打造高效语文课堂，追求语文教学最优化？这是每一位语文教师每一堂课都面临的课题，也是每一位语文教师梦寐以求的新境界。笔者谈谈自己的思考与做法，就教于大方之家。

一、抓准目标：别让“三维”蒙住了眼

教学目标是教学的灵魂，教学是一项有目的的智慧活动，追求目的与结果的高度统一，所以，抓准教学目标对于提高语文课堂教学效率至关重要。教学目标不准，教学将会无的放矢。

常见的抓不准教学目标的问题是教学目标繁多，导致教学目标含糊其词、模棱两可。针对具体的教学内容或教材，所设计的教学目标没有切中要害、抓住关键，没有抓住教材里精彩的、学生应该掌握的知识和应该懂得的道理，大有隔靴搔痒之嫌。把握不准教学目标，课堂教学难免信马由缰，一塌糊涂。造成这种现象的直接原因就是教师没把教材吃透，备课欠火候，不够深入。最典型的就是很多老师设计的教学目标千篇一律为知识与能力、过程与方法、情感态度与价值观三维目标，错误地将课程目标作为一堂课的课时目标来处理，导致课堂教学难以负重。由此可见，多目标几乎等于无目标。我们还是主张“一课一得”，因为40分钟只能干40分钟的事，否则过犹不及。更有甚者，教学设计目标是一套，教学过程另搞一套，完全不挂钩、不对接，风马牛不相及。这更是自欺欺人，断然要不得。

有的老师讲小说《孤独之旅》设计了这样的课时教学目标：一、知识与能力——①了解小说的写作背景；②把握故事情节，感受作者的情感脉络；③学习作品里面的语言描写；④学习作品里面的环境描写；⑤学习作品里面的心理描写；⑥分析杜雍和与杜小康的人物形象；⑦探讨作品的主题。二、过程与方法——①通过四人小组合作学习，把握小说情节；②自主探究小说的语言描写、环境描写、心理描写；③掌握分析人物形象的方法。三、情感态度与价值观——①了解父子俩生活的艰难和“孤独之旅”的痛苦，培养同情心；②从杜小康的特殊经历中学习成长的意义。这一教学目标设计，几乎包罗万象，把小说应该讲的知识都涉及了——这无疑是一个无法在40分钟内完成的任务，自然毫无意义。我讲《孤独之旅》设计的教学目标：一、工具性——品味小说的语言。二、人文性——对学生进行“挫折教育”。课堂上的教学活动就十分简明了：整堂课让学生寻找小说里有关杜小康经历磨难的句子或段落。比如，杜小康在暴风雨中寻找失散的鸭子的描写就很精彩，拎出来加以品读欣赏，感悟杜小康所经历的挫折。然后紧扣文中主旨句“他觉得自己突然地长大了，坚强了”进行问题探究：杜小康的“孤独之旅”收获了什么？让学生明白，杜小康经历磨难却收获了成长与坚强。整个教学过程都是学生在独立思考，自主探究，个性化解读小说，既符合新课标精神，学生又学得轻松快乐。最后，读写结合，让学生写篇小作文《面对挫折》，对学生很好地进行了挫折教育。如此，抓准切入点，突出重点，目标简明，长文短教，收效颇佳。

二、突出重点：把握课堂教学主旋律

突出教学重点是打造高效语文课堂教学的核心。教学重点就是一堂课侧重或主要进行的教学活动，是课堂教学的主旋律。一堂课云里雾里，毫无重点，不知所云，绝不可能是高效的教学。

课堂教学要突出重点，就必须吃准教材的重点；吃透教材的重点是确定教学重点的前提条件；对教学重点的把握，关键取决于对教材内容重点的把握。对教材重点的把握一般应从两方面着眼、着力，即工具性和人文性。工具性就是文本的“双基”知识；人文性则是文本所蕴含的深刻道理。我讲《秋天的怀念》，教学重点就确立为“研读细节描写（工具性），感受伟大母爱（人文性）”。我让学生声情并茂地熟读课文后，找文本里的细节描写，然后让学生研讨每一处细节描写的意义，从中感受伟大的母爱。比如，“她昏迷前的最后一句话是：‘我那个有病的儿子和我那个还未成年的女儿……’”抓住这一细节描写，让学生反复朗读，感悟母亲临终遗言，最终学生明白了一个感人的事实：母亲在自己积劳成疾、病入膏肓、生命垂危之时，还对孩子牵肠挂肚。母亲爱孩子，达到了忘我的境界！学生找出了十余处细节描写，每一处都这样仔细探究，最后学生懂得了母爱的意义：“母爱是儿子暴怒无常时，母亲对儿子的理解与宽容；母爱是儿子自暴自弃时，母亲对儿子的心疼与呵护；母爱是儿子双腿残疾时，母亲对儿子的体贴与照顾；母爱是母亲积劳成疾时，对儿子的牵肠挂肚；母爱是母亲病入膏肓时，对儿子的生死相依。母爱是无私与忘我，母爱是奉献与牺牲，母爱是一种高尚的品格和伟大的精神！”这样，一堂课让学生从工具性和人文性的角度都学到了实实在在的知识，可谓一举两得，效果颇佳。

具体到一篇课文，可讲的内容很多，但我们一堂课里又不可能讲很多内容，怎么办？这就要有所取舍，确立本堂课的教学重点。我讲《我的叔叔于勒》，教学目标就定位为“语言描写（工具性）”和“人性之丑（人文性）”。整堂课就是让学生把教材里对人物的语言描写找出来，品读感悟，感悟人物的内心世界所反映出的人性。言为心声，小说叙述“我”的一家人对于勒叔叔的态度不断变化，主要就是通过精彩的富于个性化的语言描写反映出来的。所以，讲《我的叔叔于勒》一课时不能忽视语言描写这一点。而这一点也和人文性很好地契合在了一起，可谓一箭双雕，比较高效。

三、删繁就简：杜绝教学的形式主义

简约是一种智慧，简约是一种境界，简约是提高语文课堂教学效率的有效方法。简约的大敌是形式主义，是烦琐！高水平的、有经验的老师总是能删繁就简，把复杂的问题简约化处理。反之，缺乏教学经验的教师总是把简单的问题复杂化。

许多老师讲小说情节，一般都要用一堂课专题讲授，有必要吗？很浪费时间。我讲《孤独之旅》，是从讲情节入手让学生整体感知故事梗概的。在学生预习了课文的前提下，我设计了一道选择题：按小说情节开端、发展、高潮、结局的顺序排列以下内容：A. 收获坚强；B. 孤独之旅；C. 失学放鸭；D. 经历磨难。学生都举手回答，给出正确答案：CBDA。这个过程仅仅用了半分钟时间。既然30秒的时间学生就能完成这一过程，还有必要花大量时间去讲解分析吗？

有一年我应邀去某省讲学，与会的是该省每所学校的语文科组长，省教研室安排两位端庄美丽的年轻女教师上了两节观摩课，请我评课。我听课时作了详细的笔记，大抵每个老师在课堂上都向学生提出了大大小小的问题超过了40项。我质疑：一堂课只有40分钟，而老师的提问就多达40余项，试问，学生思考的时间在哪里呀？教学满堂问，把学生都问糊涂了，何谈效率？可见，课堂有效提问很重要。苏联教育家尤·克·巴班斯基在其《教学过程最优化》一书中指出，提高教学效率的重要方法是“从许多不合理的活动中去挖掘”。遵循尤·克·巴班斯基的教学原理，我们务必杜绝课堂教学的无效提问！

教学是解决问题的活动，一堂课能解决一到两个问题就很成功了，所以一堂课对学生的有效提问一般情况下也就限于一两个而已。所谓有效性提问，是指具有探讨价值的提问，在学生都明白之处提问自然毫无意义。许多老师在讲课之前很谦虚地将教学课件发给我，让我指导。我首先看课件，我的观点是，一般情况下一堂语文课的课件超过10张幻灯片，就要审视这堂课设计的有效性了！我们做一道简单的算术题就明白了。但凡做了课件的教学环节肯定是要认真研讨的内容，每一张幻灯片平均给4分钟教学时间，10张幻灯片就满40分钟了。遗憾的是，许多老师都不思考这个简单的问题，所以也就不明白如此简单的道理。尤其是刚就教席的年轻教师，由于深谙现代化教育技术，做课件都是高手，所以，一堂课幻灯片总是做得丰富多彩，令人眼花缭乱、目不暇接，但就是不懂得张弛有度，恰到好处。教学课件只是教学的辅助手段，要用在刀刃上，不能泛滥，以至于喧宾夺主。一堂课被课件所累、所困，人为地把教学束缚于课件的设计，而忽视甚至扼杀了教学过程中师生创造性的生成，何其可悲！

四、以读代讲：让课堂充满生机与活力

语文教学，区别于其他所有学科的个性与品质，就是朗读。朗读，是语文教学最基本的活动；朗读，是语文教学最主要的方法或手段；朗读，也是语文教学的重要目标，是语文教学的生命线，是语文教学的根。从这一角度去衡量一堂语文课有效与否，就看老师指导学生朗读好了没有。其实，书读百遍，其义自见，许多课文，只要学生读到位了自然就理解了，根本不需要教师连篇累牍地讲解。读到牵肠情自深，读出意境理自喻。遗憾的是，许多教师喜欢在课堂上讲解分析，以至于想在语文课堂上听到学生朗朗的读书声都成了一种奢侈！这对语文课堂教学效率的提高是致命的！没有读书声的语文课堂教学是苍白的！语文课堂要充满生机与活力，呼唤学生朗朗的读书声！新课标强调学生与文本的“对话”，不读怎么能行！新课标非常重视培养学生良好的语感，不读又怎么能行！朗读是学习我们民族语言的常规武器，提高语文课堂教学效率还是多读少讲好！

针对语文课讲解分析之风太盛的时弊，我们主张多读精讲和以读代讲。多读精讲精辟地概括了读与讲之间的辩证关系，强调读在语文教学中的重要性，但并不是只读不讲。以读代讲是贯彻以读为本教学思想的最好方法。以读为本即指在阅读教学过程中要让学生充分地读，在读中整体感知，在读中有所感悟，在读中培养语感，在读中受到情感的熏陶。这是《语文课程标准》对语文课提出的明确要求。成功的语文教学，常以培养语感为标志，而朗读教学是培养语感的先决条件。著名的学者余秋雨曾说过：“中国历史上毁灭性的战乱太多，只有一种难于烧毁的经典保存完好，那就是古代诗文经典。这些诗文是蕴藏在无数中国人心中的雕塑和建筑，而一代接一代传递性的诵读，更是这些经典延绵不绝的长廊。”但愿这“长廊”不被遗忘，让我们的学生在朗读中去深切体会李白的豪情壮志，去深切感受杜甫的忧国忧民。

（发表在《中学语文教学参考》2015年第12期中旬刊，略有改动）

附录四　有效提问：语文教学的“常规武器”

1912年美国学者史蒂文斯第一次对课堂教学提问进行系统研究，发现教师提问和学生回答大约占去了普通学时的80%，进而得出提问是有效教学的核心的结论。爱因斯坦指出：“提出一个问题往往比解决一个问题更为重要。”钱梦龙老师则认为，提问是语文教学的“常规武器”。

什么是有效提问？有一则西方幽默故事便很好地回答了这个问题。一位信徒在长时间的默祷中忍不住想吸烟，便征询牧师：“祈祷时可不可以抽烟?”回答当然是否定的。这位信徒眉头一皱，计上心来：何不换一种问法呢？于是，在另一次祈祷前，他这样问牧师：“请问，抽烟时可不可以祈祷?”巴不得人们无时无刻不作祷告的牧师当然同意了。这则故事实在耐人寻味。简而言之，信徒的第一次提问就是无效提问，而信徒的第二次提问则是有效提问了。

语文教学的有效提问，是指提出的问题具有思考价值，能够启发、锻炼和发展学生的思维，具有极强的探究性。下面谈谈自己在语文教学中有效提问的尝试，求教于大方之家。

一、关键处提问：助你揭示课文主旨

所谓关键处是指那些牵扯到课文主题和重要观点的词句，教师如果能够抓住这些关键词句设计出一个带有全局性的问题，就能揭示课文主旨，并培养学生的概括能力。

我教《孤独之旅》，紧扣课题，提问学生：杜小康的“孤独之旅”究竟孤独吗?有的学生说他不孤独，理由是孤独的本意是“孤单，独自一人”，而杜小康有他父亲陪他放鸭，还有一群鸭子陪他，所以他不孤独。我就让学生针对这个问题展开讨论。最后学生达成了共识：杜小康的父亲不理解孩子，父子间没有交流，那群鸭子就更不懂人话了，所以杜小康的精神和灵魂是孤独的。

教完《阿Q正传》，我向学生提出了一个问题：“剧作家陈白尘将这篇小说编成了话剧。戏演完后，舞台上出现了由演员扮演的鲁迅先生。‘鲁迅先生’对观众说：‘阿Q已经死了，但他并没有断子绝孙。’日本文学界评论说，话剧结尾那句鲁迅并没有说过的话‘意味深长’。请问，‘意味深长’在哪里?”对此，学生们开始了热烈讨论，最终他们得出了结论：阿Q的生命虽然结束了，但他愚昧思想的阴影仍在中国大地上游荡。只有不断清除阿Q的精神胜利法，才能振奋民族精神，推动中国社会的不断进步。

二、细微处提问：启发学生探微发幽

语文教材的选文大多是经典之作，这些优秀作品的一个标点、一个词语、人物的一个细小动作、一句似乎无关紧要的话，往往都能体现出作者的匠心，蕴藏着深刻的含义。教师可以在这些容易被学生忽略的细枝末节处提问，启发学生探微发幽。

《天上的街市》里有这么一句话：“你看那朵流星，怕是他们提着灯笼在走。”我问学生：“这句诗中的‘朵’是否用错了？”多数学生认为没有错，却又说不出什么道理。于是我接连提出三个问题：“‘朵’是一个量词，一般用来修饰什么？”学生回答：“花。”“花会带给我们什么感觉？”“美。”“诗人用‘朵’来修饰流星，说明流星与花有相似之处，相似点是什么？”学生很快领悟了：“‘流星’和‘花’一样美。”这时，我趁热打铁进行总结：“可见，诗中这个‘朵’字不仅没有用错，而且用得很恰当、很形象、很有艺术性，同时也十分符合诗歌语言必须优美的要求。”

《秋天的怀念》里有一段文字——“母亲进来了，挡在窗前：‘北海的菊花开了，我推着你去看看吧。’她憔悴的脸上现出央求般的神色。‘什么时候？’‘你要是愿意，就明天？’她说。”我教这一处时，抓了两个标点符号，来引导学生体会母亲对儿子的爱。我问学生：“母亲说：‘北海的菊花开了，我推着你去看看吧。’这句话明明是在询问儿子，为什么不用问号，而用句号？”经过讨论，大家一致认为，这说明母亲想让儿子看菊花的态度很肯定，用句号就是不需要商量了——听“我”的！母亲急着想让儿子看菊花，让儿子出去散散心，是一种母爱。我又问学生：“母亲说：‘你要是愿意，就明天？’这句话后面为何用问号呢？”学生说，这是母亲在征询儿子的意见，说明母亲很看重儿子的感受或态度，说明母亲很尊重儿子，尊重就是爱的体现。

我在教《孔乙己》时提出：“本文的标题是主人公的名字吗？为何自认为满腹学问的人竟连个姓名也没有呢？”这种提问就激发了学生了解孔乙己身世的好奇心和追根究底的求知欲。还可以抓住“孔乙己是站着喝酒而穿长衫的唯一的人”这句话进行点拨，立片言以居要，使学生深刻认识到孔乙己是一个可怜、可笑、可悲、迂腐寒酸又正直善良的旧时代的小知识分子。

三、矛盾处提问：促进学生积极思考

“水本无华，相荡而成涟漪；石本无火，相击而发灵光。”艺术的实践告诉我们，矛盾冲突是艺术的魅力所在。教学提问作为一门艺术，也需要教师善于挑起矛盾，促进学生积极思考。

在课文中，会存在许多表面上看似矛盾的现象：一类是课文题目中的矛盾，如《死海不死》《普通的人，伟大的心》《生于忧患，死于安乐》《为了忘却的记念》等。还有一类是课文中的前后矛盾，如《威尼斯商人》中的夏洛克贪婪成性却不要数目三倍的还款，而只要“一磅肉”；《母亲》中的英雄母亲在火车站时曾经有过逃跑的念头。如《有的人》开头："有的人活着，他已经死了；有的人死了，他还活着。"这看似矛盾的诗句，不得不引发读者的思考——为什么死了的还会活着，活着的又已经死了呢？那是两种什么人啊？思考过后才知道：前一句的"活"是肉体之活，"死"是精神之死；后一句的"死"是肉体之死，"活"是精神之活。寓意深刻！再如《马说》开头："世有伯乐，然后有千里马。千里马常有，而伯乐不常有。"前两句也是矛盾的，但这正可以发人深省。原来，前后两句"有"的意思不同。前句的"有"指出现，可理解为：世间出现了伯乐，然后才会出现千里马，意即只有伯乐才能发现千里马。而后一句的"有"指存在，可理解为：千里马经常存在，但伯乐却不经常存在。

教师对这些矛盾加以挖掘，进行提问，会引导学生积极思考，领会矛盾背后的本质与深意。

四、想象处提问：发展学生思维能力

爱因斯坦说："想象力比知识更重要。"教材中有大量想象性文体，课文中有许多省略和空白。让学生对这些文体、空白、省略进行想象，有利于锻炼他们的想象力和联想力，发展学生思维。对此，情境式提问十分奏效。所谓情境式提问是通过语言的意义、声调、形象、感情色彩，激起学生的情绪、情感以及想象活动，把学生带入课文情境的一种提问方式。情境式提问大致有四种类型。

一是剪辑式。例如："万盛米行的先生对农民说话是有气无力，鄙夷不屑的，而万源祥等几家的店伙却不惜工本叫着'乡亲'。同是在一条街上做生意的，为什么态度这样不同？"教师剪辑课文中两个不同的镜头，启发学生比较思考，突出了教材重点，有利于学生加深对教材的印象。

二是朦胧式。例如："愚公到底是无能的，因为两座山结果是被神移走了。大家同意这种说法吗？"教师故意曲解教材，把认知的盲点摆在学生面前，使之呈现朦胧的状态。提问强化了学生的思辨能力。

三是演绎式。例如："孩子这么小的年纪就去挖山，他的父亲会同意吗？"教材中的"父亲"已去世，教师杜撰了一个活着的"父亲"。但是，孩子的某些行为往往要征得父亲同意是学生所熟悉的一种生活情境。提问贴合学生的生活实际，发展了学生的想象力。

四是扩展式。例如："于勒真的发财回来了，那会出现什么情景呢？""假如马克·吐温也是一个伪君子，这场竞选将会如何？"

五、无疑处提问：引导学生深钻教材

课文中的许多地方看起来平平常常，学生读后提不出问题。在这些地方，教师要于无疑处设疑，引导学生深入理解课文。如教《湖心亭看雪》，教学结束了，我问学生：都懂了吗？还有问题吗？学生齐声说：懂了！没问题了！我却说：老师尚有一个问题不得其解——作者开头明明说“余拏一小舟……独往湖心亭看雪”，后面怎么又说“舟中人两三粒”，还出现了“舟子”这样一个人物？这岂不前后矛盾？后来，我告诉学生：孟子曰“尽信书，不如无书”，读书不要拘泥于书本或迷信书本，学贵有疑。所以，我们学习要做到有疑敢问、有疑善问、有疑必问。

综观我们的一切教学活动，可以说，都是以提出问题为出发点又以解决问题为归宿的，教学的有效提问直接决定着教学的质量和水平。有关的研究表明，我国的课堂教学中有效提问占56%，换言之，教学中尚有近一半的提问是无效的。因此，每一位教师只有加强语文教学的有效提问，才能真正做到提高教学质量。

（发表在《中学语文教学》2016年第10期，略有改动）

附录五 关于语文课堂教学十大问题的思考

语文课改，成果丰硕，有目共睹，不言而喻，但就语文课堂教学而言，违背语文教育教学规律的问题不容忽视。笔者近年来观摩了各级各类乃至全国性的许许多多的语文课堂教学展示活动，加之教研员的身份，每周都要听好几节语文课，发现和总结出了语文课堂教学现存的十大共性问题，需要克服和解决。

一是教材吃不透，关键抓不住。上课的质量取决于备课的质量，而备课的质量则取决于对教材钻研的质量。教材没吃透，没钻研到位，课堂教学质量难以提高。尤其是新教师，刚就教席，一定要努力过好教材关，要做好“坐十年冷板凳”的心理准备。起码把教材过三轮，这就得九年，何况九年也未必能磨成一剑。吃透教材是上好课的基础和前提条件，吃透教材是每个语文老师的必修课，是新教师要过好的第一关。教材里涉及的历史、地理、文学、哲学等知识要吃透，教材的重点、难点、精彩点要吃透，教材里的工具性与人文性特点要吃透。如何处理教材，直接检验老师对教材钻研的程度。现在语文教学“教材吃不透，关键抓不住”的普遍问题是教学重工具性、轻人文性，把语文课上成语言文字的训练课，忽视语文教学的人文性，扼杀了语文教学的文化传承功能和育人功能，不利于学生形成正确的世界观、人生观、价值观，不利于学生形成良好的个性和健全的人格。如教《孤独之旅》，只教环境描写与心理描写，只分析人物形象，不注重挖掘杜小康为何经过“孤独之旅”“坚强了，成长了”，对学生进行“挫折教育”。教《童年》只注重讲故事，不注重引导学生深入探究“苦难”对人生的意义。凡此种种，不胜枚举。语文教学如果只停留在工具性层面，而忽视甚至扼杀了人文性，实属“捡了芝麻丢了西瓜”。

二是教学重点不明确，胡子眉毛一把抓。什么是教学重点？教学重点是依据教学目标，在对教材进行科学分析的基础上而确定的最基本、最核心的教学内容。通俗地讲，课堂教学重点就是课堂上围绕教学目标的主要的教学活动。一堂课40分钟，总要让学生学有所获，一课一得，这就必须明确教学重点。一堂课如果教学重点不明确或干脆没有教学重点，何谈提高教学质量？遗憾的是，相当多的老师上课东一榔头西一棒槌，只见树木不见森林，云里来雾里去，胡子眉毛一把抓，根本没有教学重点。教学重点不明确直接导致教学质量无法提高，是课堂教学的大敌。导致课堂教学重点不明确主要有两大原因。一方面是教学“胃口”大，一堂课恨不得当十堂课讲，安排的教学内容过量，主次不明，详略不当，即使设计了教学重点，也被冲淡了、稀释了。另一方面是教材没吃透，因为往往教材的重点就是教学的重点。比如，一个教师讲文言文《狼》，说这篇文章的体裁是小说，于是用一堂课时间大讲特讲《狼》的情节，分析狼和屠户的形象，探讨《狼》的主题，简直是节外生枝、画蛇添足。

三是教学方法落后，忽视学生存在。一切为了学生，为了学生的一切，这就是我们教育教学的终极目标。于漪老师明确指出："教学改革中必须注意以下几点：(1) 学生是第一立场。改革的第一立场是学生，要清楚学生的需求、认知水平、兴趣爱好。……我们必须清楚，上课最重要的是把学生教会。"（见《语文教学通讯》2016年第10期于漪《语文教学现状的反思》）遗憾的是，许多老师的课堂教学都忽视了这一大方向，脱离了这一大立场，教学既缺乏对象感，也缺乏目的性。有的教师教学像一场表演，像一场独角戏，甚至像一场脱口秀，如此自我卖弄，教师是表演痛快了，甚至表演得淋漓尽致，学生也开心了，但开心过后学到了什么，一笑了之，空空如也。有的教师教学一讲到底，满堂灌，不给学生留思考的余地，不给学生消化的时间。有的教师教学一问到底，满堂问，碎问到底，全是些毫无探讨价值的问题，非把学生问糊涂不可。如一个老师讲《狼》，问学生："假如屠户不用刀把狼砍死，会有什么样的后果呢?"诸如此类的伪问题，不把学生教傻才怪呢！课堂教学忽视学生的主体性，忽视学生的存在，不仅仅是一个简单的教学方法问题，更是一个教育理念问题，要时刻警醒。

四是越俎代庖，代替学生思考。新课标强调学生学习的认知过程，因为学生的学习能力必须在学习的过程中获得。学生在学习过程中，需要独立思考，需要对文本进行个性化解读，需要合作探究，需要教师运用启发式教学。遗憾的是，有的老师完全不懂得这个理念，上课总爱越俎代庖，以自己的思考代替学生思考，直接告诉学生答案或结果。比如教《皇帝的新装》设问："为什么是一个小孩子最先说出了真相?"本来这个问题很有探究价值，可以比较"为何最先说出真相的不是百姓与大臣"，然后揭示这些人内心不可告人的心理活动，进而理解这一童话虽然"人物滑稽可笑，情节荒诞离奇"，但的确具有深刻的合理性。可这个老师却直接越俎代庖，代替学生回答："就是小孩不懂事呗!"一句话，一个结果，严重抑制了学生思维，弄得教学索然无味。有些老师代替学生回答问题的原因是因为学生启而不发。其实，学生之所以启而不发，责任并不在学生，而是因为老师不会鼓励和启发学生。教学中教师以自己的思考代替学生思考，对于提高教学质量是致命的，因为教学的价值在于"让学生进行独立的脑力劳动"（苏霍姆林斯基《给教师的一百条建议》语）。

五是偏爱讲解分析，不注重有感情地朗读。朗读是语文教学的个性，一堂语文课没有朗朗的读书声，就不像语文课了。朗读是语文教学的重要目标，一堂课一篇文本，只要指导学生有感情地朗读到位，就成功了一半。朗读是语文教学的基本方法，语文教学没有朗读几乎寸步难行，不朗读怎么感悟文本里蕴含的深厚情感？不朗读怎么理解文本里体现的深刻思想？所以，每讲一课，都应该好好地指导学生有感情地朗读文本，有感情地朗读文本是朗读的最高境界。可悲的是，好多语文老师上课偏爱讲解分析，不注重有感情地朗读。课本里的文章都是文质兼美的精品，但老师硬是要讲解分析得支离破碎，把经典文本碎片化，把经典文本撕得索然无味，更别提艺术再创造了。有一次，我在异地执教，课前我问学生："你们平时喜欢朗读课文吗？"学生几乎异口同声地回答："不喜欢！"我顿时十分惊讶和奇怪，心想：上语文课不朗读课文还有意思吗？导致学生不喜欢朗读课文的直接原因就是老师上课不注重指导学生有感情地朗读课文，没有让学生体会到朗读的乐趣。语文老师上课不注重指导学生有感情地朗读课文的原因可能是这三点：一是认识不到朗读在语文教学中的重要性，教学实践上常常忽视指导学生有感情地朗读文本；二是旧的教学方法作祟，习惯了讲解分析，而且讲得细致入微，像煮杂碎汤，把文本熬得面目全非；三是自己普通话不好，没有自信，不敢示范朗读。语文教学，与其老师津津有味地讲解分析课文，还不如让学生有感情地朗读课文，这样对提高语文教学质量更加有效。我们主张：以读代讲，以读代析，以读代悟。语文老师都应该是朗诵表演艺术家。

六是教学缺乏设计，随意性很大。语文教学是一门科学，其科学性体现在教学设计上，就是教学要有一个课型。课型是指课堂教学最具有操作性的教学结构和程序。通过对课型的研究与创建，有助于教师更好地掌握各种类型课的教学目的、教学结构、教学方法等方面的规律，提高教学设计、实施和评价的能力，提高课堂教学效率。遗憾的是，许多老师的语文课，都缺乏教学设计，随意性很强，完全没有一个课型。比如，我们强调把学生读书的时间还给学生，有的老师上课便让学生自己看书，没提示、没要求、没指导，看的效果如何也没检查、没反馈，任由学生一看到底，满堂看。学生开卷茫然，闭卷更茫然，美其名曰"自学式"，实质就是"自由式"。有的教师由一个极端走向另一个极端，由"满堂看"变为"满堂练"，一练到底，美其名曰"强化训练"，教师的教学工作成了备课找题单、上课甩题单、讲课对答案。能否针对教学实际创建具有自己独特个性的课型，是衡量一个教师教学水平的重要标志。每个语文教师，务必要学会构建语文课型，优化课堂结构，为提高课堂教学质量奠定良好的基础。

七是感情基调跑调，情感教育缺失。语文课堂教学是对学生进行情感教育的良好平台。课文里蕴含着作者的情感或作品里人物的情感，把这些健康的情感挖掘出来，是对学生进行情感教育的良好素材。教《秋天的怀念》可以对学生进行"孝道"教育，教《孤独之旅》可以对学生进行"挫折"教育，教《童年》可以对学生进行"苦难"教育，教《简·爱》可以对学生进行"爱情"教育，教《钢铁是怎样炼成的》可以对学生进行"革命理想主义"教育，教《乡愁》可以对学生进行"家国情怀”教育……一堂成功的语文课，对情感基调的把握十分重要。情感基调如果跑调，就会适得其反，不利于学生正确地解读文本，不利于学生感悟文本里的思想情感。有位教师执教《乡愁》，极尽卖弄之能事，教学语言耍花腔，插科打诨，滑稽逗乐，极不严肃，断然无法令人接受。教学《乡愁》，从感情基调上来说，起码要上出“愁”的味道吧，更何况这是“家国之愁”？此“愁”之深之重，寄托着我们中华儿女的家国情怀，岂能如此搞笑教学？如此教学，南辕北辙，对文本的解读完全跑调，对学生产生了负面的感情影响，危害极大，不容再犯。我在教学中总结出了一条规律，即情感教育像一条红线贯穿语文教学始终：教学导入可以激发学生情感，教学过渡可以推动学生情感，教学高潮可以迸发学生情感，教学结尾可以升华学生情感。诸君不妨一试。

八是提问隔靴搔痒，毫无探究价值。教学问题的设计是一门学问，课堂教学的提问是一门艺术。提高语文课堂教学问题设计的能力，不是一日之功，需要一个长时间的经验积累和修炼的过程。许多老师缺乏这样的功底，课堂上问来问去，总是问不到关键处，点不到穴上。有的老师一问到底，满堂问，往往把一句意思完整的话截成几段，教师问上半句，学生答下半句。“是不是”“对不对”“怎么样”之类毫无启发性的问题充斥课堂，为提问而提问，问得学生糊里糊涂，摸不着头脑。这样的提问就是无效提问，对提高教学质量有害无益。语文课堂教学要追求有效提问。语文教学的有效提问，是指提出的问题具有思考价值，能够启发、锻炼和发展学生的思维，具有极强的探究性。教学提问最难的是“于无疑处质疑”。如教《湖心亭看雪》，教学结束了，我问学生都懂了吗？还有问题吗？学生齐声说：懂了！没问题了！我却说，老师尚有一个问题不得其解：作者开头明明说“余拏一小舟……独往湖心亭看雪”，后面怎么又说“舟中人两三粒”，还出现了“舟子”这样一个人物？这岂不前后矛盾？这个问题可谓一石激起千层浪，激发了学生探求的欲望。后来，我把这一问题留作课后作业，让学生尝试寻找答案。学生因此懂得了学贵有疑，读书不能迷信书本的道理。

九是大搞形式主义，教学华而不实。语文教学的形式主义，追求的只是外在的、表面上的表现形式，不重视教学内容及其实际意义。在这种错误的理念支撑下，语文课堂教学作秀的成分居多，甚至一些公开课，形式五花八门，大行其道，表面热热闹闹，实则絮絮叨叨，哗众取宠，华而不实。教学完毕，问教师教的什么，糊里糊涂，问学生学到了什么，一无所知。反思我们的教学，形式主义不胜枚举，如“无病呻吟的煽情”“毫无价值的提问”“没有意义的讲解”“整齐划一的鼓掌”“廉价虚伪的表扬”“无聊热闹的讨论”“眼花缭乱的课件”等。其中，滥用多媒体已成为语文课堂教学的公害。语文课堂教学呈现出被多媒体“绑架”的趋势，整堂课就是师生浏览那些令人眼花缭乱、应接不暇的幻灯片，学生根本无法和文本有效对话，根本没有思考的余地。有人戏说，如果哪一天学校断电了，许多教师肯定都没法上课了。这绝不是危言耸听。教学是一门科学，要客观、要求实、要务本、要有得。教学中任何的形式主义都不可取，我们必须树立求实务本的理念，坚决杜绝教学的形式主义。

十是缺乏理论支撑，没有形成体系。大凡成功的语文课堂教学，一定闪耀着理论的光辉，不管你从哪个角度看，它都是一件完美的艺术作品。大凡成功的语文教师，一定具有深厚的教育理论背景，一定形成了完整的教学思想体系，上课一定具有自己独特的风格。语文课堂教学是在教育理论的宏观指导下进行的微观创造性活动。现在，很多年轻老师不爱读书，更不爱读教育教学理论书籍，所以，缺乏深厚的教育理论支撑的教学肤浅无趣，乱象横生，实属必然。许多老师学习名家的课，一知半解，囫囵吞枣，难得真谛，也是因为没有理论思维的支撑。有人总抱怨，魏书生、钱梦龙、于漪的课好是好，就是很难学，也学不会。我并不赞成这一观点。我建议年轻教师学习先进教师的教学，首先应该从源头活水上去学习，要追根溯源，因为这些先进教师的教学只是“结果”，而他们的课为什么上得好，原因就是其背后深厚的教育教学思想。遗憾的是，许多年轻教师只图省事，总爱吃现成的，要么拷贝人家的课件，要么照抄人家的设计，照猫画虎，东施效颦，整个“四不像”。语文课堂教学最流行的一个词语就是“操作性”。殊不知，“操作性”只是方法层面的问题，“教育理论”与教学的“操作性”其实就是“道”与“术”的关系，“道”之不存，“术”将焉附？先“道”而后“术”。有了“道”，“术”就好办了。对于语文教学而言，最基本的“道”是什么呢？就是新的《语文课程标准》。许多语文老师将《语文课程标准》束之高阁，供奉起来，自己却不学习，不研究其实质，不领会其精神，不掌握其精髓。这是致命的。尤其是一些特级教师，经常在全国执教示范课，但他们的课却缺乏新课标的精、气、神，甚至给广大语文教师起到了错误的示范效果，直接误导了许多教师，不得不令人担忧。比如，《语文课程标准》在7—9年级的“识字与写字”要求的第一条就明确指出“能熟练地使用字典、词典独立识字，会用多种检字方法”。但我们有一个非常知名的语文特级教师，凡上语文课，第一板块都是教师给学生讲解字词，采用这种传统甚至落后的字词教学方法，显然是因为没有好好阅读或消化《语文课程标准》，领会其精神实质。总而言之，导致以上几种语文课堂教学现存问题的根本原因就是缺乏理论支撑，没有形成体系。

呜呼！语文课堂教学遵循规律，返璞归真，回归文本，以人为本，任重道远！

（发表在《语文教学通讯》2017年第2B期，略有改动）

附录六　语文教学须追求原创

许多老师在听完名师的课之后，总喜欢索要名师的课件，然后拿回去直接使用，这是一种机械的模仿。更有甚者，很多老师上课根本不去独立思考，直接从网上下载别人的课件，以之上课，这是纯粹的抄袭。于是，我由衷地呼吁：语文教学须要追求原创！原创是指独立完成的创作。原创，排斥模仿，拒绝抄袭，追求独创。

原创，挑战传统。随着新的课程改革的不断深入，语文教学许多传统的东西，都被新的教学理念所扬弃，这个过程就是一种原创的过程。比如，小到字词教学，许多老师一改课堂上手把手教学生认识生字、生词的传统，转变为新课标所提倡的让学生查字典、词典，培养学生独立识字的能力；大到阅读教学，许多老师一改课堂上教师一言堂、讲风极盛的传统模式，取而代之的是师生“共同学习，共同探究，共同成长”这样一种民主的教学新风，大大激发了学生学习的内驱力和主动性。再比如作文教学，许多老师一改“精批细改”的传统，转变为指导学生互相评改作文的新方式，既把教师从繁重的作文批改里解放了出来，又锻炼了学生的写作能力，一举两得。

原创，来自灵感。灵感来自“关注极其普通、甚至一闪念的想法，并对它反复推敲，逐渐充实”。比如我教《秋天的怀念》，为了表达作者史铁生对母亲的深沉怀念与哀悼之情，我就创作了一段悼词《祭母》：“娘啊！……我肝胆欲裂，痛彻心扉，祭告你母亲大人……可怜你为儿积劳成疾，四十九载离人寰，没享人间清闲福，咱母子别离太匆匆……恨之恨孩儿不孝母受苦，恼之恼老天不公母早去，悲之悲树欲静而风不止，悔之悔子欲养而亲不待……只盼今世好好活，只盼来世报母恩，只盼母亲九泉之下得安宁！”并用我们老家的地方戏——蒲剧的唱腔把它演绎出来，深深地感染了听课的师生，把教学骤然推向了高潮。这里的灵感就来源于我一次听戏——蒲剧大师孔向东的《赵氏孤儿》。我被他那荡气回肠、激越昂扬的唱腔所冲击，便突发奇想：可否将戏曲艺术用到教学上来？如此一来，便有了我教《秋天的怀念》的腔高板急之作。

原创，张扬个性。教学原创，则是教学风格的独特表现。语文界在坊间有一些说法，魏书生的教学属于“管理派”，于漪的教学属于“情感派”，钱梦龙的教学属于“导读派”，李吉林的教学属于“情境派”，黄厚江的教学属于“共生派”，等等，不一而足。仔细分析研究，这些说法不无道理，都是针对这些名家教学的原创因素和个性特征概括而成的。

原创，需要自信。教学本身就是一项创造性的活动。美国实业家罗迦·费·因格说：“某心理学专家小组以实际从事创造性工作的人与不从事此类工作的人为对象进行了调查研究，并得出如下结论：‘富于创造力的人，认为自己具有创造力；缺乏创造力的人，不认为自己具有创造力。’”原创很难，但也不是不可为。教学原创，天阔地广，大有作为。

教学导入可以原创。我教《孤独之旅》，解题导入，即提问学生“孤独”的意思是什么？在学生说不大准确的情况下，我则连发三问：“假如你一个人在广袤的大沙漠，你会感到孤独吗？航天英雄杨利伟一个人在‘神舟五号’飞船上遨游太空的时候，他孤独吗？鲁滨孙一个人在荒无人烟的小岛上，他孤独吗？”如此原创性的导入，特别有利于启发学生思考。

教学点评可以原创。我教名著《简·爱》，投影出著名的“简·爱宣言”这段文字，让学生有感情地朗读之后，我则激情点评：“这是对自由的追求，这是对平等的渴望，这是对爱情的呼唤！这是著名的‘简·爱宣言’！”如此原创性的点评，无疑升华了教学的主旨。

教学小结可以原创。比如教《秋天的怀念》，我在和学生共同探讨了作品的细节描写以及每个细节背后感人至深的母爱之后，就以自己写的一首诗《母爱》，恰切而有高度地小结了这一教学环节，从而照应了课前的提问“母爱是什么?”——母爱是儿子暴怒无常时，母亲对儿子的理解与宽容；母爱是儿子自暴自弃时，母亲对儿子的心疼与呵护；母爱是儿子双腿残疾时，母亲对儿子的体贴与照顾；母爱是母亲积劳成疾时，对儿子的牵肠挂肚；母爱是母亲病入膏肓时，对儿子的生死相依。母爱是无私与忘我，母爱是奉献与牺牲，母爱是一种高尚的品格和伟大的精神！

教学结尾可以原创。教完《阿Q正传》，我向学生提出了一个问题：“剧作家陈白尘将这篇小说编成了话剧。戏演完后，舞台上出现了由演员扮演的鲁迅先生。‘鲁迅先生’对观众说：‘阿Q已经死了，但他并没有断子绝孙。’日本文学界评论说，话剧结尾那句鲁迅并没有说过的话‘意味深长’。请问，‘意味深长’在哪里?”如此原创性的结尾，激发了学生的思考力和探究欲望。

教学模式可以原创。课堂教学是由一个个的教学环节组成的流动的艺术作品。在许多课堂教学的环节中，有一些环节是最基本的教学环节，我则据此构建了“四环节语文教学艺术模式”，即指出语文课堂教学应该把握“开讲的艺术、过渡的艺术、高潮的艺术、结尾的艺术”四个环节，并对其作出系统设计、艺术处理、优化整合。如此原创性的模式，便于操作，使课堂教学艺术化成为可能。

原创，呼唤创新。创新是推动民族进步和社会发展的不竭动力。创新在语文教育中举足轻重。创新就要标新立异，创新就要别具一格，创新就要独树一帜。2016年11月25日，我有幸在苏州的“全国初中语文名师精品课堂展示活动”中为与会者执教了《秋天的怀念》。教学中，我深情地朗诵了自己写的诗歌《母爱》，紧接着又用蒲剧高唱了我写的悼词《祭母》，把教学由一个高潮推向了另一个高潮，收到了令人回味无穷的艺术效果。“教海学艺”的网友在现场听课后网评道：“孙春成老师讲的《秋天的怀念》是我听过的最动情的课！会场多次响起掌声和笑声，像在看喜剧，却又能体会到人物内心的悲凉！我多次笑，也多次泪湿眼角，最后听孙老师唱《祭母》并讲解子欲养而亲不待的道理时，会场非常安静，我更是泪流不止……”中学语文学科带头人、北外附属苏州湾外国语学校初中部校长罗天涛听课后激动地说：“此课的冲击力确实直抵心灵！第一次听到这样富有震撼力的课！”这，就是原创的力量！

语文老师，追求原创吧！你的教学将会变得魔力四射、魅力无穷！

附录七　孙春成“立体教学”研究大事记

一、出版专著

1. 1993年出版专著《立体教学初论》（山西教育出版社。魏书生写序，刘国正题写书名）。

2. 1997年出版专著《立体教学再论》（山西教育出版社。魏书生题词：立体思维沐春风春雨，教学硕果渐成长成熟。刘国正题写书名）。

3. 1997年出版专著《立体教学三论》（山西教育出版社。陈金明写序，刘国正题写书名）。

4. 1998年出版专著《立体教学论》（山西教育出版社。魏书生题词：全面发展天地阔，立体教学道路宽。程翔题词：勤奋耕耘，硕果累累。许建国题词：举前贤之未及，启后学于成规。陈金明、景克宁、贺斌写序，刘国正题写书名）。

5. 1998年出版专著《语文课堂教学艺术漫谈》（语文出版社。魏书生题词：艺术活动的写真，科学思辨的结晶。钱梦龙、宁鸿彬写序）。

6. 2001年出版专著《语文课堂立体教学模式》（广西教育出版社）。

7. 2003年出版专著《中学语文课堂创新教学模式》（中山大学出版社。唐海海写序）。

8. 2003年出版专著《小学语文课堂创新教学模式》（中山大学出版社。唐海海写序）。

9. 2003年出版专著《给语文教师的101条建议》（南京师范大学出版社。魏书生写序）。

10. 2003年出版专著《新语文课堂：探究教学法》（南京师范大学出版社。章熊题词：只有教师善于探究，学生才能学会探究）。

11. 2003年出版专著《语文研究性学习：学与教融合的策略》（南京师范大学出版社。李吉林题词：年轻人志在千里，愿立体教学更上层楼）。

12. 2003年出版专著《初中语文课堂教学艺术》（中国林业出版社）。

13. 2003年出版专著《语文课堂问题教学策略》（广西教育出版社。于漪写序）。

14. 2004年出版专著《语文立体化教学艺术》（中国林业出版社。魏书生写序）。

15. 2004年出版专著《语文反思性教学策略》（广西教育出版社）。

16. 2004年出版专著《新课程语文教育随笔》（广东教育出版社）。

17. 2017年出版专著《语文教学十大创新课型》（山西教育出版社。魏书生写序，钱梦龙题写书名）。

18. 2018年出版专著《语文课堂立体教学课型》（山西教育出版社。魏书生、于漪写序，钱梦龙题写书名）。

19. 2018年出版专著《语文课堂问题教学课型》（山西教育出版社。于漪写序，钱梦龙题写书名）。

20. 2018年出版专著《语文课堂教学艺术法宝》（山西教育出版社。钱梦龙、宁鸿彬写序）。

21. 2019年出版专著《语文课堂创新教学课型》（山西教育出版社。魏书生写序，钱梦龙题写书名）。

二、发表论文

1. 1986年第6期《语文教学论坛》发表第一篇论文《“立体教学”初探》。

2. 1988年第5、6期《语文教学通讯》发表论文《关于“立体教学”理论的再思考》。

3. 1989年第1期《山西大学师范学院学报》发表论文《知识积累与能力培养》。

4. 1989年第3期《语文教学论坛》发表论文《指导学生批改作文的理论与实践》。

5. 1990年第2期《山西大学师范学院学报》发表论文《教学过程中思维的立体性探幽》。

6. 1992年第3、4期《山西大学师范学院学报》发表论文《浅谈提高语文课堂教学效率》。

7. 1993年第2期《山西电教》发表论文《求异思维在作文立意上的运用》。

8. 1995年第9期《新语文》发表论文《不妨试试“存疑法”》。

9. 1995年第13期《运城地区教育学会会刊》发表论文《关于中学语文教学现状的思考》。

10. 1996年第5期《中学语文教学参考》发表论文《也谈“落实”》。

11. 1997年第3期《语文学习》发表论文《一堂课就是一篇文章》。

12. 1997年第9期《中学语文教学》发表论文《提高青年教师素质之我见》。

13. 1998年第5期《语文教学通讯》发表论文《思维的立体性结构及最优化运动》。

14. 1998年第8期《教育理论与实践》发表论文《幽默在语文教学中的功用》。

15. 1998年第10期《中学语文教学》发表《读书是我的责任》。

16. 1999年1月8日《中国教育报》发表论文《如何成为“研究型”教师》。

17. 1999年第3期《人民教育》发表《呼唤“研究型”教师》。

18. 1999年5月14日《中国教育报》发表论文《怎样写教学后记》。

19. 1999年6月11日《中国教育报》发表论文《教学的四种境界》。

20. 2000年6月9日《中国教育报》发表论文《贵在发现》。

21. 2000年第7期《中学语文教学》发表论文《语文教学科学化的必由之路》。

22. 2001年第4期《中学语文教学》发表论文《教育家与教书匠》。

23. 2002年第2期《中学语文教学》发表论文《有效开展研究性学习的思考》。

24. 2002年第11期《语文建设》发表论文《走进教学的三重境界》。

25. 2003年第1期《语文建设》发表论文《牵一发而动全身》。

26. 2003年第6期《中国小学语文教学论坛》发表论文《立体探究，发展创新》。

27. 2003年第7期《中学语文教学》发表论文《教会学生思考和创新》。

28. 2015年第12期《中学语文教学参考》发表论文《最优化：打造高效语文课堂教学的尝试》。

29. 2016年第6期《中学语文教学参考》发表论文《我这样教〈秋天的怀念〉》。

30. 2016年第6期《中学语文教学》发表论文《我这样上名著导读课》。

31. 2016年第8期《中学语文教学参考》发表论文《“立体教学”的尝试》。

32. 2016年第10期《中学语文教学》发表论文《有效提问：语文教学的常规武器》。

33. 2016年第10期《中学语文教学参考》发表论文《把每篇课文当做一个课题进行研究》。

34. 2016年第12期《中学语文教学参考》发表论文《学会创建“语文课型”》。

35. 2016年第12期《语文教学通讯》发表论文《语文课堂教学评价须要“标准化”》。

36. 2017年第1期《作文教学与研究》发表论文《学生互相评改作文的理论与实践》。

37. 2017年第2B期《语文教学通讯》发表论文《关于语文课堂教学十大问题的思考》。

38. 2017年第3期《中学语文教学参考》发表论文《蒙太奇：“名著导读”教学设计的基本方法》。

39. 2017年第6期《中学语文教学参考》发表论文《教学常规里的教学研究及其价值》。

40. 2017年第8期《中学语文教学参考》发表论文《语文教学须要追求原创!》。

41. 2017年第9B期《语文教学通讯》发表论文《辩证法：处理好语文课堂教学的十大关系》。

42. 2017年第12期《中学语文教学参考》发表论文《“课文主旨”与“课堂主

旨”之辨》。

43. 2018年第3期《中学语文教学参考》发表论文《重温“驾驭教材”》。

44. 2018年第6期《中学语文教学参考》发表论文《情感教育：贯穿语文教学的一根红线》。

45. 2018年第8期《中学语文教学参考》发表论文《我的“一课一得”观》。

46. 2019年第5期《中学语文教学参考》发表论文《〈秋天的怀念〉里的“言外之意”》。

三、获奖论文

1. 1987年10月论文《论幽默在语文教学中的功用》荣获“中学语文教育理论研讨会”论文奖。

2. 1988年4月论文《关于“立体教学”的思考》荣获“陕甘晋川冀中学语文研讨会”首届年会优秀论文奖。

3. 1988年论文《“立体教学”与思维》被选参加山西省中小学教学改革与实验研讨会。

4. 1988年论文《指导学生批改作文的理论与实践》荣获全国青年教改新秀论文评选一等奖。

5. 1989年论文《一堂课就是一篇文章》荣获山西省中学语文教学研究论文优秀奖。

6. 1989年论文《知识积累与能力培养》荣获全国青年教改新秀论文评选一等奖。

7. 1995年论文《于无疑处生疑》荣获第二节中华圣陶杯中青年教师论文大赛一等奖。

8. 1995年论文《明确主攻方向，加强作文教学》在“全国青年语文教师联谊会”成立大会上被评为一等奖。

9. 1996年论文《关于中学语文教学现状的反思》在当前语文教学突破性改革征文中荣获优秀奖。

10. 1998年论文《论提高青年教师素质》编入《如何实施素质教育》大型学术文库。

11. 2000年论文《贵在发现》荣获《中国教育报》“教学漫议”征文二等奖。

四、科研课题与兼职

1. 1990年被《语文周报》聘为兼职编辑。

2. 1993年被《山西电教》聘为特邀编辑。

3. 1995年在山东泰安发起成立“全国青年语文教师联谊会”，任常务理事。

4. 1997年被聘为“全国教学艺术研究中心”副理事长。

5. 1997年《立体教学论》列为山西省教育科学“九五”规划课题。

6. 1997年成立“运城地区立体教学研究会”（孙春成任法人代表），拥有200余名会员（即“立体教学”实验教师），设立试点达42所学校，辐射运城地区13个县市。

7. 1999年在人民大会堂被聘为全国中语会青年语文教师研究中心第二届理事会常务理事。

8. 2003年《立体教育》列为中国教育学会“十五”科研规划课题。

9. 2005年9月中国教育学会“十五”科研规划课题《立体教育》经专家鉴定结题（鉴定专家：魏书生、钱梦龙、陈金明、靳家彦、程翔）。

10. 2006年《立体教育系统工程理论》列为中国教育学会“十一五”科研规划课题。

11. 2013年被运城学院中文系聘为兼职教授。

12. 2014年被运城幼儿师范高等专科学校聘为兼职教授。

13. 2014年被陕西学前师范学院师资培训学院聘为授课专家。

14. 2016年被山西省忻州师范学院聘为客座教授。

15. 2016年被陕西师范大学文学院聘为教育硕士合作导师。

16. 2016年被深圳大学聘为教育硕士导师。

17. 2016年被龙岗区教育质量监测中心聘为兼职研修员。

18. 2016年被聘为深圳市“尹庆华名师工作室”专家顾问。

19. 2017年被陕西师范大学特聘为授课专家。

五、成果获奖

1. 1990年在福建厦门集美中学“全国第二届青年教师中学语文教学研讨会”上做公开课被评为优秀奖（本次会议两大收获：一是和魏书生老师同台上课；二是将书稿《“立体教学”初论》交给魏书生老师，请他写序获得成功）。

2. 1999年专著《语文课堂教学艺术漫谈》荣获“语通杯”全国语文教研成果大赛一等奖。

3. 2005年12月“立体教育”系列成果参加“首届全国基础教育课程资源博览会优秀成果展”。

4. 2005年《语文课堂立体教学模式》荣获“中国教育学会奖”一等奖。

5. 2006年11月“立体教学”被评为深圳市继续教育课程。

6. 2008年《语文课堂立体教学模式策略体系》系列科研成果荣获龙岗区基础教

育教学成果一等奖。

7. 2009年《语文课堂立体教学模式》被评为深圳市龙岗区继续教育培训优质课程。

8. 2009年《语文立体化教学艺术》荣获“第五届中国教育学会科研成果”三等奖。

9. 2010年在上海执教《外婆的手纹》一课荣获《中国教育报》主办的“全国第三届两岸同课异教中学语文课堂教学研讨会”一等奖。

10. 2010年指导刘洋参加“文言文阅读教学大赛”，荣获深圳市和广东省双料冠军。

11. 2012年指导刘洋参加“第二届全国初中语文教师教学基本功展评活动”，荣获一等奖。

12. 2012年指导赵查参加“古典诗歌鉴赏教学大赛”，荣获深圳市和广东省双料冠军。

13. 2014年指导赵查参加“第三届全国初中语文教师教学基本功展评活动”，荣获二等。

14. 2014年指导刘毅参加“童话寓言课堂教学大赛”，荣获深圳市和广东省双料冠军。

15. 2016年指导刘毅参加“第五届全国初中语文教师教学基本功展评活动”，荣获二等奖。

16. 2016年《语文教学十大创新课型》被龙岗区教学研究室审定为中小学校本教材。

17. 2016年《语文教学十大创新课型》评为深圳市中小学“好课程”。

18. 2016年在苏州“全国初中语文名师精品课堂展示活动”中执教《秋天的怀念》，荣获一等奖。

19. 2017年“语文课堂立体教学策略体系”荣获广东省教育教学成果奖（基础教育）一等奖。

20. 2018年“语文课堂立体教学策略体系”荣获全国教育教学成果奖（基础教育）一等奖。

六、成果推广

1. 1992年创办山西省运城地区教育专业杂志《教研向导》。

2. 1995年8月在“全国青年语文教师联谊会首届年会”上作学术报告，并向与会代表赠书《“立体教学”再论》《“立体教学”三论》500余本。

3. 1997年“运城地区立体教学研究会”召开首届年会，魏书生、钱梦龙、程翔、肖家云为千名与会代表上示范课，运城行署副专员闫存来和运城行署教育局局长梁增华与会讲话，景克宁教授演讲，向与会代表赠送专著《立体教学论》达800余本。

4. 1997年11月21日山西省交口县教委决定在全县中小学推广“立体教学”，并邀请孙春成上示范课和作学术报告。

5. 1998年在山西省运城地区夏县中学召开运城地区“立体教学”研讨会，皇甫彩虹老师作公开课并演讲。

6. 2000年在深圳市龙岗区龙城小学设立“立体教学”试验点。

7. 2001年在求水山庄召开深圳市龙岗区“立体教学”推广大会，给10所学校颁发“立体教学实验基地”牌匾，给实验老师颁发优秀论文证书，赠送与会代表每人一张2000年5月19日的《中国教育报》(有专版介绍“立体教学”在龙岗的实践经验)，深圳市小学语文教研员肖桂林老师作《小学语文与多媒体》报告。

8. 2003年3月23日浙江省青田县教育局教研室组织举办了“立体教学”推广大会，并邀请孙春成上示范课和作学术报告。

9. 2004年4月10—11日“辽宁省中等职业学校语文教师培训暨经验交流会”邀请孙春成上示范课、作学术报告、评课。

10. 2004年4月21日“立体教育”课题首届年会在深圳市龙岗区实验学校召开，魏书生作题为《新课改的语文教育发展趋势》的报告；孙春成上示范课《事物的正确答案不止一个》，并作报告《“立体教学”与新课程改革》。

11. 2004年首届“立体教学杯”课堂教学大赛在深圳东方半岛学校举行，龙城小学语文教师尹佳俊荣获冠军。

12. 2005年4月9—10日“立体教育”课题第二届年会在深圳市布吉高级中学召开，魏书生上示范课并作学术报告。

13. 2005年11月24—25日第二届“立体教学杯”课堂教学大赛在深圳市龙岗区实验学校举行，龙岗区实验学校初中语文教师陈理荣获冠军，靳家彦上示范课并作学术报告。

14. 2006年5月20日“立体教育”课题第三届年会在深圳市龙岗中专召开，钱梦龙作学术报告《新课程关键词解读》。

15. 2006年11月10日第三届“立体教学杯”课堂教学大赛在深圳市龙岗会堂举行，四川师范大学附属中学语文老师柳舒荣获冠军，于永正上示范课并作学术报告，深圳市教育局副局长唐海海到会致词。

16. 2009年在深圳大学教授继续教育课程《语文课堂立体教学模式》。

17. 2010年在深圳大学教授继续教育课程《语文课堂立体教学模式》。

18. 2010年12月4日参加国家教育部《中国教师》报主办的“全国第三届两岸

同课异教中学语文课堂教学研讨会”执教《外婆的掌纹》一课荣获一等奖。

19. 2013年3月2—5日到广东省清远市连南、阳山两县支教。

20. 2014年9月为山西大学图书馆捐赠7种个人专著。

21. 2014年11月为陕西省市级教学能手国培计划高级研修班上示范课《秋天的怀念》和《孤独之旅》，并作学术讲座《语文教学艺术》。

22. 2014年12月到广东省茂名市茂南和电白两县支教。

23. 2014年在深圳市“名师课堂”活动中上示范课《孤独之旅》。

24. 2015年在深圳市“名师课堂”活动中上示范课《秋天的怀念》。

25. 2015年11月12日为龙岗区初中语文教师作了题为《立体教学模式的理论与实践》的讲座。

26. 2015年12月3日为龙岗区初中语文教师作了题为《骆驼祥子》的示范课。

27. 2016年3月25日为陕西师范大学2016届教育硕士授课6课时。

28. 2016年11月25日在《中学语文教学参考》杂志社举办的“全国初中语文名师精品课堂展示活动”中执教《秋天的怀念》一课荣获一等奖。

29. 2016年11月26日在“苏浙中学语文教学论坛第二届年会”作学术讲座《怎样提高语文课堂教学效率》。

30. 2016年12月12日应邀在广东省初中语文“名著导读”课堂教学大赛上评课《骆驼祥子》。

31. 2017年3月在《新作文杂志社》举办的全国“三新”作文教学研讨会上执教《指导学生互相评改作文》一课荣获一等奖。

32. 2017年3月18日为深圳大学2016级硕士研究生授课4学时，并向学生赠送26本《语文教学十大创新课型》。

33. 2017年3月深圳市龙岗区教育局教学研究室给龙岗区各个初中免费发放365本《语文教学十大创新课型》。

34. 2017年3月30日在深圳市盐田区“深圳市初中语文教学十大创新课型推广活动”中执教示范课《湖心亭看雪》并作学术讲座《怎样提高语文课堂教学效率》，向与会教师赠送64本《语文教学十大创新课型》。

35. 2017年4月12日为陕西省高中骨干教师研修班上示范课《雨霖铃·寒蝉凄切》并作学术讲座《怎样提高语文课堂教学效率》。

36. 2017年5月11日在深圳市坪山区“孙春成语文教学课型推广大会暨坪山区初中语文名家讲学活动”中执教示范课《简爱》并作学术讲座《语文教学十大创新课型》。

37. 2017年5月17日在深圳市直属学校初中语文“同课异构”教学研讨活动中执教示范课《爱莲说》并作学术讲座《语文教学十大创新课型》，并向与会教师赠书

96本《语文教学十大创新课型》。

38. 2017年5月27日在《中学语文教学参考》杂志社举办的“全国初中语文名家精品课堂展示活动”中执教《骆驼祥子》一课荣获一等奖，并向与会教师赠送1080本《语文教学十大创新课型》。

39. 2017年5月28日在《中学语文教学参考》杂志社举办的全国初中语文“年轻教师成长”论坛活动中作学术讲座《学会构建语文教学课型》。

40. 2017年7月9日为深圳市光明新区初中语文教师暑假培训会作《语文教学十大创新课型》讲座，并向与会教师赠送120本《语文教学十大创新课型》。

41. 2017年9月为龙岗区民办初中语文科组长培训作《语文教学十大创新课型》讲座，并向与会教师赠送120本《语文教学十大创新课型》。

42. 2017年11月为东莞市初中语文国家统编教材研讨会作《如何提高语文课堂效率》讲座。

43. 2017年11月为东莞市初中语文国家统编教材研讨会作《秋天的怀念》示范课。

44. 2018年4月18—19日，广东省教育学会中学语文教学专业委员会在龙城初级中学召开“广东省初中语文深圳龙岗立体教学经验交流现场会”，面向全省推广“立体教学”。

45. 2018年4月20日 在“广东省初中语文深圳龙岗立体教学经验交流现场会”执教研讨课《孤独之旅》。

46. 2018年5月8日在佛山禅城区初中语文教师素养提升活动中执教《孤独之旅》观摩课。

47. 2018年5月8日在佛山禅城区初中语文教师素养提升活动中作专题讲座《怎样提高语文课堂教学效率》，并向与会代表赠送100本《语文教学十大创新课型》。

48. 2018年5月20日在由陕西师范大学基础教育研究院主办的“全国中学语文名师精品课展暨学科综合素养高端论坛”上执教示范课《武陵春》。

49. 2018年5月20日在由陕西师范大学基础教育研究院主办的“全国中学语文学科综合素养高端论坛”上作学术讲座《立体教学的价值》。

七、获得荣誉

1. 1987年荣获北方七省中学生作文竞赛优秀指导教师奖。
2. 1988年9月被评为中共临猗县“先进教育工作者”。
3. 1999年5月荣获山西省“运城地区首批青年学术技术带头人”称号。
4. 2001年4月荣获第七届中华圣陶杯中学生作文大赛指导优秀奖。

八、媒体宣传与推广

1. 1990年4月14日《山西日报》报道《孙春成任教五年，写论文三十多篇》。

2. 1994年11月25日《山西日报》报道《举前贤之未及，启后学于成规——记教育名人孙春成》。

3. 1994年第11期《青少年日记》封二人物。

4. 1995年《中学语文教学》第1期专题报道《梅花香自苦寒来——记立体教学理论的开创者孙春成》。

5. 1998年1月2日《中国教育报》报道《建树“立体教学”的人》。

6. 1998年《语文教学通讯》第5期封面人物。

7. 2000年5月19日《中国教育报》加“编者按”整版介绍、推广了“立体教学”在深圳市龙岗区小学语文的实践经验《发展思维培养创新型人才》。

8. 2002年第3期《中学语文教学》封二人物“艺术人生”。

9. 2002年12月4日《龙岗日报》专题报道《“立体教学”研究者孙春成速写》。

10. 2003年4月12日《深圳特区报》专题报道《孙春成：高声喊出“立体教学”》。

11. 2003年《记者观察》第4期报道《孙春成与“立体教学”》。

12. 2003年在《中国教育电视台》《学术报告厅》栏目作“立体教学”学术报告。

13. 2003年《中国小学语文教学论坛》第6期封面人物。

14. 2003年第6期《中国小学语文教学论坛》辟“立体教学观”专栏。

15. 2003年第7期《中学语文教学》辟“立体教学课例研讨”专栏，钱梦龙发文点评《启而不发，跃如也》。

16. 2003年1月10日《中国教育报》整版介绍、推广了“立体教学”的系列成果，肩题为“18年教研实践执着追求，13部教学专著心血凝成”，主标题是“他挑战语文课堂教学”，副标题是“记‘立体教学’的创立者孙春成”。

17. 2004年中国教育电视台播《中国教师》栏目20分钟，专题报道《孙春成和他的“立体教学”》。

18. 2004年在深圳卫视《论道》栏目作学术报告《创新教育呼唤创新型人才》。

19. 2004年深圳卫视播45分钟专题节目《“立体教学”的创立者——孙春成》。

20. 2004年5月29日《晶报》专版报道《经历了风雨才能见彩虹》。

21. 2017年第1、2期《中学语文教学参考》刊登魏书生老师为《语文教学十大创新课型》所写序言，题为《我与孙春成的师徒情缘》。

22. 《中学语文教学》2017年第6期发表《语文教学十大创新课型》书评《艺术活动的写真，科学思辨的结晶》（潘希武，正高级教师，博士，深圳市教育科学研究院副院长）

附录八　孙春成指导教师参加教学比赛获奖目录

【孙春成1999年3月至2002年9月任深圳市龙岗区小学语文教研员，2008年9月至今任深圳市龙岗区初中语文教研员。其间指导深圳市龙岗区语文教师参加教学比赛，共获得市级一等奖以上荣誉38项，市级二等奖荣誉42项（略）。项目包括：现场课堂教学大赛、基本功大赛、教学技能大赛、微课大赛、录像课大赛、教学设计大赛等】

序号	姓名	所在学校	获奖项目	级别与等级	获奖时间
国家级课堂教学基本功大赛（共3项：一等奖1项，二等奖2项）					
1	刘洋	深圳市龙岗区外国语学校	第二届全国中学语文教师教学基本功大赛	国家级一等奖	2012.4
2	赵查	深圳市龙岗区实验学校	第三届全国初中语文教师教学基本功大赛	国家级二等奖	2014.5
3	刘毅	深圳市龙岗区平湖中学	第四届全国初中语文教师教学基本功大赛	国家级二等奖	2015.5
省级课堂教学大赛（共6项：一等奖4项，三等奖2项）					
4	刘洋	深圳市龙岗区外国语学校	广东省2010年初中语文文言文阅读教学大赛	省级一等奖（冠军）	2010.12
5	俞晓燕	深圳市龙岗区平湖外国语学校	广东省2010年初中语文文言文阅读教学大赛	省级一等奖	2010.12
6	赵查	深圳市龙岗区实验学校	广东省2012年初中语文古典诗歌鉴赏教学大赛	省级一等奖（冠军）	2012.12

（续表）

序号	姓名	所在学校	获奖项目	级别与等级	获奖时间
7	刘毅	深圳市龙岗区平湖中学	广东省2014年初中语文童话寓言教学大赛	省级一等奖（冠军）	2014.12
8	郑冉	深圳市龙岗区龙城初级中学	广东省2016年初中语文名著导读课堂教学大赛	省级三等奖	2016.12
9	王珂珂	深圳市龙岗区龙城初级中学	广东省2017年初中语文青年教师教学能力大赛	省级三等奖	2017.11
市级课堂教学大赛一等奖（共29项：教学大赛16项，录像课与微课5项，教学设计8项）					
10	覃亮	深圳市龙岗区沙西小学	深圳市1999年小学生情境作文课堂教学大赛	市级一等奖	1999.12
11	田聪维	深圳市龙岗区实验学校	深圳市2008年初中语文教学大赛	市级一等奖	2008.10
12	刘洋	深圳市龙岗区外国语学校	深圳市2010年初中语文文言文阅读教学大赛	市级特等奖（冠军）	2010.10
13	赵查	深圳市龙岗区实验学校	深圳市2012年初中语文古典诗歌鉴赏教学大赛	市级特等奖（冠军）	2012.12
14	刘毅	深圳市龙岗区平湖中学	深圳市2014年初中语文童话寓言教学大赛	市级特等奖（冠军）	2014.11
15	包望	深圳市龙岗区新梓学校	深圳市2012年初中语文古典诗歌鉴赏教学大赛	市级一等奖	2012.12
16	杨乔	深圳市龙岗区南联学校	深圳市2012年初中语文古典诗歌鉴赏教学大赛	市级一等奖	2012.12
17	方金翠	深圳市龙岗区梧桐学校	深圳市2012年初中语文古典诗歌鉴赏教学大赛	市级一等奖	2012.12

（续表）

序号	姓名	所在学校	获奖项目	级别与等级	获奖时间
18	朱海英	深圳市龙岗区福安学校	深圳市2012年初中语文古典诗歌鉴赏教学大赛	市级一等奖	2012.12
19	刘戬佞	深圳市龙岗区可园学校	深圳市2012年初中语文古典诗歌鉴赏教学大赛	市级一等奖	2012.12
20	钟文	深圳市龙岗区龙城初级中学	深圳市2012年初中语文古典诗歌鉴赏教学大赛	市级一等奖	2012.12
21	陈丽蓉	平湖实验学校	深圳市2015年初中语文教师技能大赛	市级一等奖	2015
22	饶晨曦	深圳布吉可园学校	深圳市2015年初中语文教师技能大赛	市级一等奖	2015
23	代小娟	深圳实验承翰学校	深圳市2015年初中语文教师技能大赛	市级一等奖	2015
24	郑冉	深圳市龙岗区龙城初级中学	深圳市2016年初中语文名著导读课堂教学大赛	市级一等奖	2016.11
25	周东芳	深圳市龙岗区梧桐学校	深圳市首届微课大赛	市级一等奖	2014.4
26	周东芳	深圳市龙岗区梧桐学校	深圳市初中文言文阅读教学专题教研录像课比赛	市级一等奖	2010.12
27	赵查	深圳市龙岗区实验学校	深圳市初中语文优质录像课比赛	市级特等奖	2009.6
28	张庆	深圳市龙岗区新亚洲学校	深圳市初中语文优质录像课比赛	市级一等奖	2009.6

（续表）

序号	姓名	所在学校	获奖项目	级别与等级	获奖时间
29	徐瑶	深圳市龙岗区平安里学校	深圳市初中语文优质录像课比赛	市级一等奖	2009.6
30	周东芳	深圳市龙岗区梧桐学校	深圳市初中文言文阅读教学设计	市级一等奖	2010.12
31	刘毅	深圳市龙岗区平湖中学	深圳市初中文言文阅读教学设计	市级一等奖	2010.12
32	罗彩萌	深圳市龙岗区天成学校	深圳市初中文言文阅读教学设计	市级一等奖	2010.12
33	刘洋	深圳市龙岗区福安学校	深圳市初中文言文阅读教学设计	市级一等奖	2010.12
34	杨琼	深圳市龙岗区平安里学校	深圳市初中文言文阅读教学设计	市级一等奖	2010.12
35	肖艳君	深圳市龙岗区福安学校	深圳市初中文言文阅读教学设计	市级一等奖	2010.12
36	孙芸	深圳市龙岗区天成学校	深圳市初中文言文阅读教学设计	市级一等奖	2010.12
37	盛志勇	深圳市龙岗区新亚洲学校	深圳市初中文言文阅读教学设计	市级一等奖	2010.12
38	王珂珂	深圳市龙岗区龙城初级中学	深圳市2017年初中语文青年教师教学能力大赛	市级一等奖（冠军）	2017.10

后 记

我曾经发表一篇小文《课文就是最好的课题》，其实，课堂何尝不是最好的课题呢?！我的这本拙著，就是在“课堂就是最好的课题”这一理念的指导下进行研究的成果。在三十余年漫长的语文教学实践中，我专注于语文课堂教学本质与规律的研究，从实践到理论，又从理论到实践，再从实践到理论，经过三个阶段反复的教学研究，不断探索、思考，发现并总结出这十二大课型规律，帮助语文教师解决了十二大类型课文的教学难题。对此，我感到无比欣慰。

我一直在路上，对语文课堂教学本质与规律的研究不会停歇，对研究和解决语文教学实践中存在的问题不会终止。

我率先在深圳市龙岗区开辟了初中语文“示范课教研”的时代，对老师在语文课堂教学上的困惑和问题，都是教研员即时通过亲自上示范课的方式加以现场指导。这种手把手指导的方式非常亲切和具体，很容易被老师所接受，我的“法宝”就是我所创建的这些课型。

新的《语文课程标准》提出：“工具性与人文性的统一，是语文课程的基本特点。”这不仅在教学理念的革新上具有里程碑的意义，在教学实践上更具实际的指导意义。我在语文教学中，主要是从四个方面来把握和体现语文教学工具性与人文性的实践指导意义的：一是工具性与人文性是制定教学目标的基准，这一点从我的每一课例的“教学设计”里可一目了然，我制定教学目标就是着眼于工具性与人文性这两大块；二是工具性与人文性是挖掘教材亮点的关键，教材里的篇目都是名家经典之作，都有亮点，挖掘教材亮点的出发点也就是工具性与人文性，研究这篇课文究竟在工具性与人文性的方面各有什么学生最值得学习的知识和道理；三是工具性与人文性是确立教学内容的核心，每一堂课的教学内容都围绕这两方面来展开；四是工具性与人文性是评价教学效果的准则，一堂课好不好，就看学生在工具性与人文性这两块都收获了什么。

当然，本书是我国迄今为止第一本以文体和教学内容为基点构建语文课型的学术专著，难免不够成熟，还存在许多这样或那样的问题，还赖于有志于语文课型研究的同人进一步完善。不过，这并不妨碍它的出版。出版了，诞生了，它就会成长和发展。比如，也许有人会质疑我一般情况下不在课堂上开辟专属的环节讲解字词，我的观点是，我完全按照国家教育部颁布的《语文课程标准》的理念执教。《语文课程标准》在7—9年级学段的“识字与写字”要求的第一条就明确指出：“能熟练地使用字典、词典独立识字，会用多种检字方法。”所以，我要求学生学语文必须人人配备字典和词典，在课前通过预习解决生字、生词问题，养成独立识字的好习惯。这里体现了学生自主学习的主体性。但这也不能一概而论，看看我的文言文四步骤教学课型就会发现，在文言文的教学上，我特别强调教师要逐字、逐词、逐句地认真讲解和落实。这是因为文言文比起白话文较为艰涩，所以这里就要体现教师教学的主导性了。

附录中的几篇论文，都是我关于语文课堂教学本质与规律的一些思考，体现了我设计教学的共性特点，与本书思想一脉相承，对我的“课型说”可以起到相互印证之效，故附上。

我要特别地感谢我尊敬的师长、全国著名特级教师钱梦龙老师，感谢他一直以来对我的教研工作的鼓励、支持和帮助！1998年语文出版社出版我的专著《语文课堂教学艺术漫谈》，钱老为之写序三千多字，给我以空前的、充分的肯定与鼓励，说我博览群书，知识结构已形成了“T”型知识结构，号召广大青年教师向我学习，多读书，尤其要多读教育理论书籍。2003年第7期《中学语文教学》开辟“立体教学课例研讨”专栏，钱老发文点评我的课例《启而不发，跃如也》。每每钱老的大作问世，他首先想到的就是我。我先后收到钱老亲笔题字签名寄赠的大作就有四本，即《教师的价值》《导读的艺术》《钱梦龙经典课例品读》和《两负轩吟稿》。每次收到赠书我都激动不已，而且从中获益良多。至今我依然珍藏着老师的赠书，珍藏着这份爱。令我十分难忘和感动的是2006年5月20日，我的“立体教育”课题第三届年会在深圳市龙岗中专召开，当时深圳正刮台风，我们都怕钱老来不了，谁料钱老竟然顶着台风如期而至，为实验教师作学术报告《新课程关键词解读》。年会期间，钱老问我：“怎么不做教研员，来中专教书了？”我笑着答道：“领导说我搞不了教研。”钱老愤愤不平地说道：“笑话！孙春成的舞台在全国！”钱老88岁时还热情地为我的拙作题写书名，再扶学生一程，可谓师恩浩荡，令人感动之至！钱老师，您是我永远的老师，我永远爱戴您！

最后，我必须要特别感谢我尊敬的师长、著名教育改革家、全国著名特级教师魏书生老师，感谢他一直以来对我的教研工作的鼓励、支持和帮助，感谢他多次为我的教研活动站台助威，感谢他多次为我的著作题词写序，感谢他为我所做的一切！毫无疑问，魏书生老师自始至终都是我的偶像！无论是做人，还是做学问，魏书生老师永远都是我的楷模！我的每一次成长和进步，几乎都离不开魏书生老师对我的教诲、鼓励、支持和帮助，魏书生老师是我永远的良师益友！我要向全国教育界的同人大声喊出我积久的心声：魏老师，我爱您！